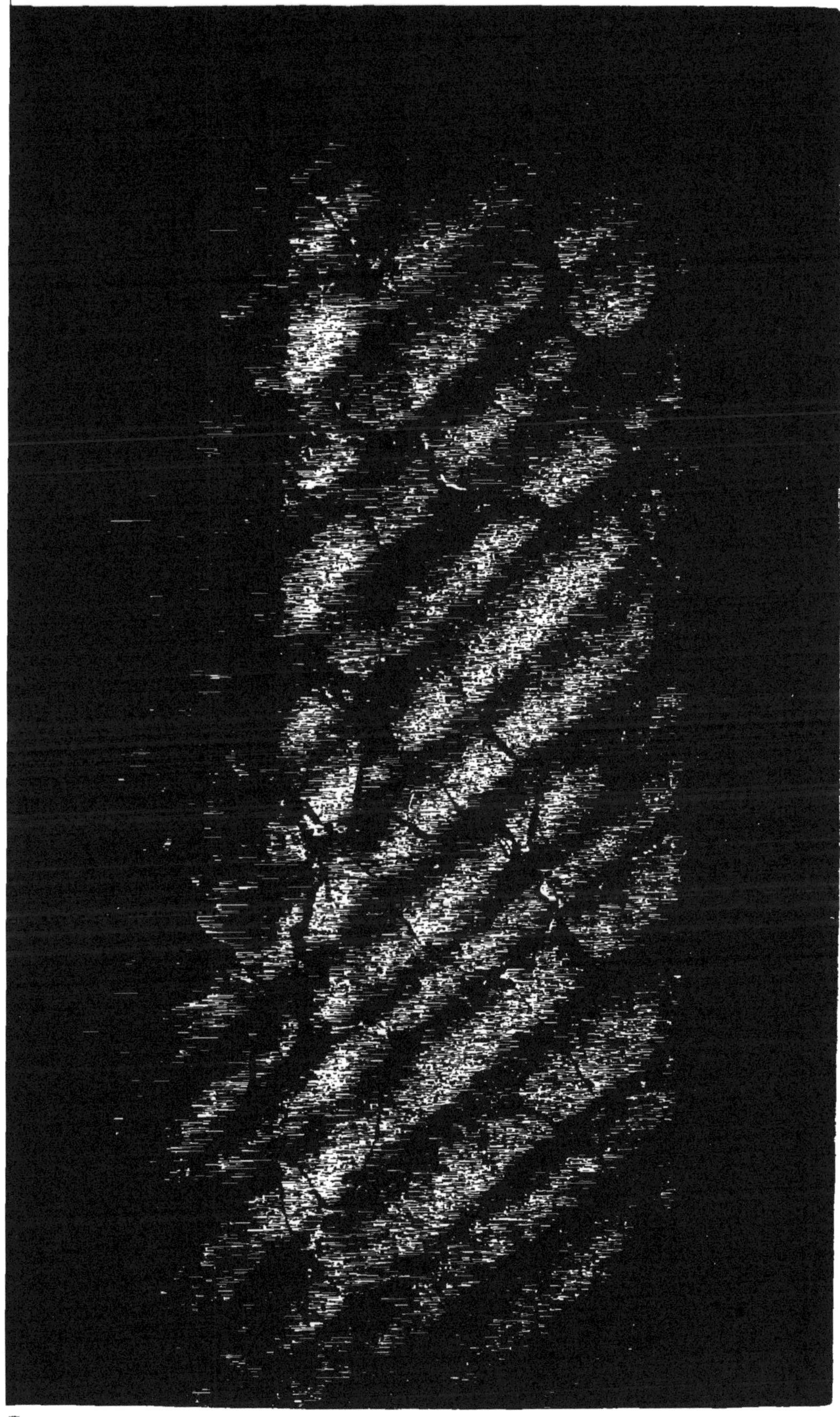

UN CHAPITRE DE L'HISTOIRE

DES

ENFANTS TROUVÉS

LA MAISON DE LA COUCHE

A PARIS

(XVIIe et XVIIIe Siècles)

PAR

LÉON LALLEMAND

LAURÉAT DE L'INSTITUT

EXTRAIT D'UN MÉMOIRE COURONNÉ

PAR

L'ACADÉMIE DES SCIENCES MORALES ET POLITIQUES

PARIS

H. CHAMPION, LIBRAIRE-ÉDITEUR

15, QUAI MALAQUAIS

—

1885

UN CHAPITRE

DE

L'HISTOIRE DES ENFANTS TROUVÉS

LA MAISON DE LA COUCHE

A PARIS

(XVIIe et XVIIIe Siècles)

PAR

LÉON LALLEMAND

LAURÉAT DE L'INSTITUT

EXTRAIT D'UN MÉMOIRE COURONNÉ PAR L'ACADÉMIE DES SCIENCES

MORALES ET POLITIQUES

PARIS

H. CHAMPION, LIBRAIRE-ÉDITEUR

15, QUAI MALAQUAIS

1885

AVANT-PROPOS

L'Académie des sciences morales et politiques a couronné, il y a quelques mois, un mémoire que nous lui avions adressé sur *l'Histoire des enfants abandonnés et délaissés*. Ce mémoire, à l'impression en ce moment, renfermant quatre chapitres relatifs à la *Maison de la Couche au parvis Notre-Dame*, composés d'après des documents en partie inédits, il nous a paru intéressant de les publier à part, en y joignant les pièces justificatives qui en forment le complément.

Nous dédions ce modeste travail à nos collègues de la Société de l'histoire de Paris et de l'Ile-de-France, en les priant d'en agréer l'hommage.

LÉON LALLEMAND.

Paris, 5, rue des Beaux-Arts.

UN CHAPITRE

DE

L'HISTOIRE DES ENFANTS TROUVÉS

CHAPITRE PREMIER

HISTOIRE DE LA MAISON DE LA COUCHE A PARIS

FONDATION. — ADMINISTRATION. — REVENUS.

§ 1er. — LES ENFANTS-TROUVÉS A PARIS ET SAINT VINCENT DE PAUL.

A Paris, aux xve et xvie siècles, les doyens, chanoines et chapitre de Notre-Dame s'occupaient plus ou moins directement des enfants trouvés, « qu'ils ont accoutumé de recevoir et faire nourrir pour l'honneur de Dieu », disent les lettres patentes de 1536, portant création de l'hôpital des Enfants-Rouges.

L'arrêt de Parlement en date du 11 août 1552, obligeant les seigneurs justiciers de la ville et faubourgs à contribuer à l'entretien de ces enfants, décida que pour la régularité des opérations « les deniers adjugez pour ladite nourriture et autres qui seroient aumosnez ausdicts enfans seroient mis ès mains des maistres et gouverneurs de l'Hostel Dieu de la Trinité », à charge de commettre une femme pour recevoir les enfants exposés « soit en ladicte église de Paris ou ailleurs ». « Laquelle femme, continue l'arrêt, faira résidence et recevra lesdicts enfans en la forme et manière qui par cy-devant a esté gardée en la dicte église de Paris, et iceux par elle retirez seront par lesdicts administrateurs baillez à sages femmes honnestes et connues pour iceux eslever et nourrir. Et néantmoins a la dicte cour ordonné et ordonne que le berseau et bouette estans en la dicte église de Paris pour recevoir les enfans exposez[1] et aumosnes a eux faictes demoureront en icelle église ; et que la femme que cy-devant a eu la charge de recevoir lesdicts enfans exposez en la dicte église, aura les salaires qui par cy-devant luy ont

[1] Ces mots pourraient faire croire qu'il s'agit d'un berceau destiné à recevoir les enfants que leurs parents ne voulaient point exposer dans la rue ou sous le porche de quelque église. Cette interprétation serait inexacte. Les lettres patentes de 1445, citées précédemment, font seulement allusion à des enfants déjà admis, et placés ainsi dans la journée pour émouvoir les fidèles et solliciter leurs aumônes. On lit, en effet, dans le testament de Denis de Mauroy, procureur général du roi au parlement de Paris, daté du 16 octobre 1411, le passage suivant : « Item à l'euvre de Nostre-Dame de Paris huit solz parisis, aux povres enfans perdus de Nostre-Dame quatre solz parisis, aux deux bassins qui sont en la dicte église où l'en pourchace saint Gracien et les Quinze Vins au (sachet?)*devant les diz enfans perduz*, a chascun bassin deux solz parisis..... » (Testaments enregistrés au parlement de Paris sous le règne de Charles VI, publiés par Tuetey, in-4°, 1880.)

« Bouchel, en son *Trésor du droit français*, édit. de 1671, tome Ier, p. 1014, confirme ce fait : « Dedans la grande église de Nostre-Dame, dit-il (au mot *Enf. trouvez*), à main gauche, il y a un bois de lit qui tient au pavé, sur lequel, pendant les jours solennels, on met lesdits enfans trouvez, afin d'exciter le peuple à leur faire charité. Auprès duquel sont deux ou trois nourrices et un bassin pour recevoir les aumosnes des gens de bien. Les dits enfans trouvez sont quelquefois demandez et pris par bonnes personnes qui n'ont point d'enfans, en s'obligeant de les nourrir et élever comme leurs propres enfans. »

Il pouvait y avoir évidemment des enfants exposés à Notre-Dame, comme ailleurs, mais il n'y avait point de berceau disposé pour les recevoir. Il paraît cependant qu'au XVIe siècle l'Hôtel-Dieu faisait remettre aux personnes chargées de garder les enfants destinés à attirer les aumônes par leur présence, les pauvres petits êtres délaissés à la porte de l'hôpital. « Hôtel-Dieu de Paris, comptes de l'année 1543 (arch. assist. publique) ; comptes de frais de justice : « cinq sols tournois pour le sallaire d'un sergent à verge d'avoir porté au berseau de l'église de Paris ung petit enfant qui avoit esté laissé à la porte dudict Hostel-Dieu. »

esté ordonnez par lesdicts doyen et chappitre, à la charge que s'il y a aucuns enfans mis et exposez en la dicte église, elle sera tenue iceux recevoir et faire apporter audict hospital de la Trinité [1]. »

Bouchel, qui vivait au commencement du XVIIe siècle, trace le tableau suivant de la manière dont se faisait la levée des enfants trouvés (édit de 1671, t. Ier, p. 1013):

« Quand il se trouve par les ruës de Paris quelque enfant exposé, il n'est loisible à personne de le lever, fors au commissaire du quartier, ou à quelque autre passant son chemin. Et se doit porter aux Enfants trouvez a Nostre-Dame, en la maison destinée pour les nourrir et allaicter, qui est auprès la maison épiscopale et fait le bas d'une ruelle decendante à la riviere... Et quant à lever l'enfant trouvé, si le commissaire ou autre ne s'en entremet, craignant la dérision et soupçon l'enfant estre de son fait, on envoye quérir la dame des enfans-trouvez qui ne fait difficulté de l'enlever, en luy payant cinq sols pour le domicilier, à la porte ou estau du quel ledit enfant aura esté trouvé [2]. »

[1] L'hôpital de la Trinité était fort ancien; il en est fait mention dans des titres de 1217; destiné d'abord aux passants et pèlerins, il reçut plus tard (vers 1545), des enfants qui y apprenaient divers métiers; détruit en 1789, cet établissement occupait l'emplacement du passage de la Trinité donnant de la rue Grénétat à la rue Saint-Denis. Lebeuf, édit. Cocheris, tome I, p. 137 et 274. Jaillot, *Quartier Saint-Denys*, p. 16 et suivantes.

[2] Il est intéressant de rappeler à ce sujet un arrêt du Parlement qui, sur la réquisition des doyen, chanoines et chapitre de l'église de Paris, permet à celui qui a la garde des enfants trouvés de constituer prisonniers ceux qui exposeront lesdits enfants. Ext. des registres du Parlement, 27 mai 1564. (Collection Lamoignon, arch. de la préfecture de police.)

« Veue par la Cour la requeste à elle présentée par les doyen, chanoines et chapitre de l'église de Paris, par laquelle, attendu le travail et moleste à eux faits et donnés par chacun jour de toutes parts de cette ville et fauxbourgs en la réception des enfans trouvez sans garder en les apportant la forme requise et accoutumée en telles réceptions; lesquels enfans sont le plus souvent apportés par les femmes qui les ont enfantés, ou par d'autres en leur présence, aussy qu'aucuns sergens, pour gagner quelque somme d'argent, y apportent lesdits

Ces maisons du port Saint-Landry avaient été affectées à cette destination par le chapitre de Notre-Dame « moyennant récompense raisonnable », et en 1570 le Parlement, désirant rendre plus efficace son arrêt de 1552, fit visiter ces immeubles et ordonna des réparations, en décidant que les personnes ecclésiastiques, seigneurs justiciers de Paris, dénommées en l'arrêt précité, « s'assembleroient aux jours, lieux et heures qui leur seroient préfix et assignez par ledict evesque de Paris pour conférer et dresser mémoires et articles de la police qui leur sembleroit bonne et devoir estre gardée et observée pour la nourriture, gouvernement et administration desdicts enfans trouvez... »

Par manière de provision il était statué « que Marie de la Croix, veufve de feu Philippe le Jay, Anne Guyon, veufve de feu M. Pierre d'Estampes, docteur en médecine, et Catherine de Moussy, veufve de feu Denis Guillebon, cy devant nommées par ledict procureur général, auroient intendance sur la nourriture et entretenement desdicts enfans trouvez; et que Pierre Hotman, marchand orfevre bourgeois de Paris, recevroit les deniers ez quels les dénommez audict arrest avoient esté cottisez. » De plus le nommé Thibault Choisi devait continuer « la garde et nourriture desdicts enfans. » (Felibien et Lobineau, *Histoire de Paris*, preuves, t. II, p. 831.)

On peut présumer que ces sages dispositions du Parlement, déjà fort tardives en comparaison de ce qui se passait dans certaines provinces, tombèrent partiellement en désuétude au milieu des guerres sanglantes de la fin du

enfans sans autorité ni permission du prévost de Paris, ou son lieutenant civil ou criminel, même à heures indues, ils requeroient leur estre permis pour arrester prisonniers par celui qui a la garde desdits enfans, ceux qui les aporteront et exposeront, soit les meres ou autres jusques a ce qu'il soit connu d'où procèdent telles fautes.

« Ouy sur cela procureur général du roy et tout considéré,

« La Cour, ayant esgard à ladite requête, a permis et permet à celui qui a la garde des enfans trouvez constituer prisonniers ceux ou celles qui ainsi exposeront lesdits enfans, soit les mères ou autres, jusqu'à ce qu'il soit connu dont procède la faute, et exposition desdits enfans, et ce, sans demander aucune permission de justice. »

XVIe siècle ; la Saint-Barthélemy est de 1572 et les sièges de Paris par Henri III et Henri IV n'étaient certainement pas faits pour permettre le développement des maisons du port Saint-Landry, près la rue d'Enfer, en la Cité ; aussi les historiens s'accordent-ils pour peindre au XVIIe siècle la situation des enfants exposés comme fort triste, et c'est alors qu'apparaît l'initiative et le dévouement de *Monsieur Vincent*.

La veuve qui avait succédé aux femmes désignées dans l'arrêt de 1570 s'occupait avec deux servantes du soin des *trouvés ;* le nombre en était grand, les ressources plus que minimes ; aussi ces pauvres petits mouraient-ils presque tous. Les servantes les soignaient du reste fort mal, leur donnant des narcotiques pour les faire dormir, les vendant même moyennant *vingt sols* à des mendiants, des bateleurs, des gens qui les faisaient servir à des opérations magiques[1].

Un pareil abandon émut l'âme compatissante de saint Vincent ; il envoya les dames qu'il formait à l'exercice des bonnes œuvres, visiter la maison de la Veuve. Le spectacle qu'elles eurent sous les yeux les épouvanta et elles décidèrent de se charger de quelques-uns de ces pauvres enfants. Une maison fut louée à la porte Saint-Victor, en 1638, et Mlle Legras en prit la direction avec ses Filles de la Charité. D'un autre côté le saint sut émouvoir la Cour, et Louis XIII, « quoiqu'il n'eût que la moindre de toutes les justices de la ville [2], » consentit à donner quatre mille livres prises sur le domaine de Gonesse [3] ; Louis XIV alloua plus tard huit mille livres sur le revenu des cinq grosses fermes [4]. Mais les dépenses croissaient chaque jour, et les dames, effrayées de leur tâche, étaient presque décidées à y

[1] Lettres patentes de juillet 1642 (préambule), code de l'hôp. gén., p. 307. *Vie de S. Vincent de Paul*, par un prêtre de la Mission (Collet), tome Ier, p. 460 et suivantes). *Vie de Mme de Miramion*, par Choisy, p. 140, etc.

[2] Félibien, tome II, p. 1500.

[3] Lettres patentes du 30 juillet 1642, code de l'hôp. gén., p. 307

[4] Lettres patentes de juin 1644, idem p. 308. f° 1er.

renoncer. C'est alors que se place cet épisode si connu de la vie de saint Vincent de Paul.

La délibération est ouverte ; il expose à l'assemblée qu'elle n'a pris aucun engagement ; il montre cependant le bien réalisé, les résultats plus consolants à obtenir encore, et enfin s'écrie, avec l'abondance de ce zèle qui a déjà fait tant de merveilles : « Or sus, Mesdames, la compassion et la charité vous ont fait adopter ces petites créatures pour vos enfants ; vous avez été leurs mères selon la grâce, depuis que leurs mères selon la nature les ont abandonnés ; voyez maintenant si vous voulez aussi les abandonner. Cessez d'être leurs mères pour devenir à présent leurs juges ; leur vie et leur mort sont entre vos mains ; je m'en vais prendre les voix et les suffrages ; il est temps de prononcer leur arrêt et de sçavoir si vous ne voulez plus avoir de miséricorde pour eux. Ils vivront, si vous continuez d'en prendre un charitable soin, et au contraire ils mourront et périront infailliblement si vous les abandonnez ; l'expérience ne vous permet pas d'en douter [1]. »

L'assemblée répond par son acquiescement unanime, et la maison des enfants trouvés de Paris peut être considérée comme fondée.

On obtient du roi le château de Bicêtre ; l'air est trouvé trop vif pour ces poitrines délicates, on ramène les enfants dans Paris au faubourg Saint-Denis [2], puis dans deux maisons, sises l'une devant Notre-Dame, l'autre au faubourg Saint-Antoine. Ces dernières acquisitions, faites par les directeurs de l'hôpital général, appartiennent à la période administrative qui date de 1670 [3].

[1] Collet, *ut supra*, p. 463.

[2] Cette maison coûtait 1200 livres de loyer payé à MM. de Saint-Lazare. (Séance du 31 octobre 1670, regist. des délib. du bureau de la Couche.)

[3] Acquisition de la maison de la Marguerite, sise à Paris, rue Neuve Notre-Dame, 24 février 1672. — Acquisition d'une maison, rue Neuve Notre-Dame, « où pendoit autrefois pour enseigne l'image saint Victor, » 23 mars 1688. — Acquisition d'une grande maison et dépendances sise au faubourg Saint-Antoine, ayant sa principale entrée sur la rue de Charenton, 26 septembre 1674. (Code de l'hôp. gén. p. 313).

Antérieurement, les seigneurs hauts justiciers, vu les charges croissantes pour l'entretien des enfants, avaient été condamnés par le Parlement à payer quinze mille livres annuellement [1]; nous sommes loin, comme on le voit, des 960 livres de l'arrêt de 1552. Le charité de saint Vincent avait su triompher de tous les obstacles.

§ 2. — L'ADMINISTRATION DE LA MAISON DE COUCHE DE 1670 A 1791 [2].

Jusqu'en 1670, l'administration de l'œuvre des enfants trouvés avait été laissée à l'initiative privée; pour en assurer le développement, il parut utile de la fondre en quelque sorte dans ce vaste rouage créé en 1656 et qui avait nom l'hôpital général.

L'édit du roi, de juin 1670, déclare cependant l'établissement : « l'un des hôpitaux de notre bonne ville de Paris, » pouvant « agir, contracter, vendre, aliéner, acheter, acquérir, comparoir en jugement et y procéder, recevoir toutes donations et legs universels et particuliers, et généralement faire tous les autres actes dont les hôpitaux de notre dite ville et fauxbourgs sont capables. »

Afin donc de rattacher la maison de la Couche à l'hôpital général, tout en lui laissant une vie propre, l'édit l'*unit*

[1] Arrêts du Parlement concernant la nourriture des enfants trouvés, 3 mars et 3 septembre 1667, 23 juin 1668 (code de l'hôp. gén. p. 310-312). Les fermiers et receveurs desdits seigneurs étaient tenus de payer les sommes ci-dessus indiquées, et « à ce faire contraints par toutes voies dues et raisonnables, même par saisie et vente de leurs meubles (arrêt du 23 juin 1668, *in fine*). »

[2] Les documents manuscrits cités dans cet ouvrage sont empruntés aux sources suivantes : 1° Collection des délibérations du bureau de la Couche s'étendant, avec quelques lacunes, jusqu'en 1791. (Archives de l'adm. de l'Assist. publique). 2° Collection des procès-verbaux d'admission des enfants, de 1639 à nos jours ; collection unique en France et dont tous les extraits sont absolument inédits. (Archives de l'hospice des enfants assistés de Paris). Malgré les pertes irréparables faites lors des incendies de 1871, les archives de l'Assistance publique offrent encore un intérêt puissant pour les travailleurs, qui sont assurés de trouver l'archiviste, M. Brièle, toujours empressé à faciliter leurs recherches.

à cette administration puissante. « Ordonnons, dit le roi, que la direction dudit hôpital des enfants trouvés sera faite par les directeurs de l'hôpital général, auquel nous l'avons uni et unissons par ces présentes. Mais comme cela ne désire pas un si grand nombre de personnes [1], voulons que le premier président, notre procureur général en notre parlement de Paris, en prennent soin, avec quatre directeurs dudit Hôpital Général, qui seront nommés au bureau d'icelui, ainsi que les commissaires des autres maisons dudit Hôpital Général et y serviront pendant trois ans, s'il n'est trouvé à propos de les continuer... et feront pendant ce temps toutes les choses nécessaires pour ladite administration, à la réserve néanmoins des acquisitions d'immeubles ou aliénations... lesquels ne pourront être arrêtées que dans le bureau dudit Hôpital Général. »

Il devait y avoir de plus un receveur rendant ses comptes au bureau de l'hôpital général, et les dames étaient exhortées à continuer « leurs zèle et charitables soins envers les enfans ».

Un arrêt du conseil d'État (21 juillet 1670) régla les bases de l'administration des directeurs conformément à l'édit de juin. La première séance eut lieu le 5 septembre 1670 « en la maison des Filles de la Charité où est la Couche des enfants trouvés vis-à-vis l'église de Notre-Dame, sur les deux heures de relevée ».

S'y étaient rendus : « Mesdames la duchesse d'Aiguillon, la présidente Nicolay, d'Aligre, Jolly, Violle, Teste et Petit. De la part de l'hospital général : Messieurs Loyseau, de Mouhers, Berryer et Pinette ; et M. Parent receveur.

« A esté commencée par la prière et l'invocation du Saint-Esprit et lesdites dames prirent leurs places à main droite et messieurs les directeurs à la gauche [2]. »

La séance du 16 septembre se tint « en la maison des

[1] Aux termes de l'édit d'établissement d'avril 1656, et des déclarations des 22 avril 1673 et janvier 1690 étaient chefs de la direction de l'hôpital général le premier président, le procureur général du parlement, l'archevêque de Paris, les premiers présidents des chambres des comptes et cour des aides, le lieutenant général de police et le prévôt des marchands, plus 26 directeurs ; au total 33 personnes.

[2] Registre des délibérations, 1er registre, f° 1er.

enfants trouvés au faubbourg Saint-Denis ». Plus tard ces réunions devinrent hebdomadaires, mais les dames n'assistaient souvent qu'à l'assemblée générale qui fut mensuelle [1]; deux d'entre elles se trouvaient cependant « tous les mardy et après disné au bureau desdits enfans, rue Neuf Notre-Dame. » En 1676 elles établirent à ce sujet une sorte de roulement pour ces séances du mardi [2].

L'édit de 1670 continua à régir l'hôpital des enfants trouvés, jusqu'en 1791. Au nombre des attributions du bureau non mentionnés dans les arrêts ou déclarations, il faut indiquer qu'en vertu du règlement général de 1742, et après entente avec le supérieur des Lazaristes, la nomination des sœurs supérieures des maisons de la Couche et de Saint-Antoine, se faisait au choix de l'administration. En effet, dit une délibération de 1782, « dans un hôpital tel que celui des enfants trouvés les fonctions de supérieure ne se bornent pas à régir simplement une communauté; les premiers soins doivent avoir pour objet la conservation des enfants abandonnés; il s'agit de maniment d'argent, de comptabilité réglée, de correspondance avec les dames de charité et autres personnes charitables; sans compter la surveillance pour faire observer les règlements et les délibérations du bureau; enfin il faut tenir plus à la chose même de l'hôpital qu'à l'observance de règles particulières, ou du moins savoir allier les exercicees de communauté avec les règlemens hospitaliers [3]. »

[1] Séance du mardy 9 août 1702. « Il a esté arresté, pour faciliter aux dames qui ont la charité de venir aux assemblées qui se tiennent pour les enfans trouvez, de tenir une assemblée générale les premiers mercredys de chacun mois de l'année, à dix heures précises du matin, et de les faire advertir de la présente résolution. » En 1758, nous voyons à ces réunions les noms de « Mesdames la première présidente, la duchesse de Cossé, la duchesse de Saint-Aignan, la première présidente Pelletier, la comtesse de Cossé, Turgot, conseillère d'Etat, la présidente Turgot, la présidente Talon, la marquise de Choiseul, la marquise des Barres, de Saint-Chamand, de la Garde; Mlles de Benoise, de Cossé, Hocquart et de Fénelon. »

[2] Séance du 25 février 1676.

[3] Regist. des délibérations, mardi 11 juin 1782.

§ 3. — PROPRIÉTÉS ET REVENUS DE L'HOPITAL.

Un asile aussi considérable que celui des enfants trouvés nécessitait des revenus importants ; ils provenaient de sources diverses : subventions royales; concessions de droits d'octroi et de loteries; réunions d'œuvres déjà existantes; dons et legs, quêtes et produits de propriétés foncières.

L'examen rapide de ces ressources permettra de se rendre compte de la fortune totale de la fondation de saint Vincent de Paul.

I

Subventions et concessions royales.

L'édit de 1670 portait confirmation expresse des donations antérieures, ainsi que de la part contributive mise à la charge des justiciers par les arrêts de 1667. Quatre ans plus tard, le 1er décembre 1674, le roi ayant par son édit du mois de février précédent réuni à la justice royale des Châtelets de Paris « toutes les hautes justices de l'archevêché, du chapitre de Notre-Dame et des abbayes, prieurés et chapitres dans la ville, fauxbourgs et banlieue de Paris », se chargea de l'acquittement des sommes dues de ce chef à l'hôpital des enfants trouvés, en portant la redevance à vingt mille livres, eu égard aux charges croissantes de l'établissement [1].

Cette libéralité maintenue jusqu'à la Révolution n'empêchait pas les dons extraordinaires dans les circonstances pressantes. Ainsi, le 9 mars 1767, comme il résultait de l'examen des états remis au contrôleur général qu'un secours de 120,000 livres était absolument nécessaire, le roi autorisa l'allocation annuelle de cette somme, indépendamment du secours de 150,000 livres déjà assigné le 1er jan-

[1] Arrêt du Conseil d'Etat du roi, 1er décembre 1674. Lettres patentes confirmatives, 12 février 1675. (Code de l'hôp. gén., p. 314 et 315.)

vier 1767 sur la caisse d'escompte et qui prit fin avec cette caisse en 1769 [1].

En vue de favoriser une maison d'une telle utilité, une part lui était attribuée également dans les droits perçus sur les objets entrant dans Paris.

L'arrêt du conseil (7 juin 1695) ordonne notamment qu'il sera opéré distraction au profit de l'hôpital des enfants trouvés sur l'octroi du vin (trente sols par muid), « la quatorzième partie de ce qui est touché par l'Hôtel-Dieu et la cinquième partie de ce qui est reçu pour l'hôpital général [2]. » Au siècle suivant ces droits furent étendus à maintes reprises concurremment avec ceux établis pour l'hôpital général. Une des dernières déclarations faites dans ce sens est du mois de juin 1783 [3].

Un des moyens le plus fréquemment employés au siècle dernier pour constituer, en dehors des octrois, des revenus aux établissements hospitaliers, était la concession de loteries. Ce mode de subvention, qui tend à reparaître en ce moment dans des proportions désastreuses, est condamné par l'expérience et la science économique. L'argent ainsi recueilli en vue d'un gain trompeur sert pour une forte part à solder les intermédiaires ; il est prélevé sur l'épargne du pauvre ; en outre l'espoir d'une chance favorable, continuellement entretenue par la fréquence des tirages, détruit

[1] Code de l'hôp. gén., p. 317.

[2] Code de l'hôp. gén., p. 147. Antérieurement, en 1691, sur les 380,000 livres provenant dudit octroi, les enfants trouvés recevaient la somme fixe de 34,000 livres, savoir 20,000 de l'Hôtel-Dieu et 14,000 de l'hôpital général.

[3] Code de l'hôp. gén., p. 173. Voir aussi les ordonnances ou déclarations du 25 décembre 1719, bois et charbons, plus le vingtième des autres droits; du 26 juillet 1771 : « A commencer du jour de la publication des présentes il sera perçu, pendant l'espace de trois années consécutives, au profit de l'hôpital général et des enfants trouvés de notre bonne ville de Paris, le doublement du vingtième accordé audit hôpital général, par déclaration du 3 janvier 1711, de tous les droits anciens et nouveaux qui se lèvent tant dans notre dite ville et faux-bourgs qu'aux entrées et sur les ports et quais, même dans les halles, places, foires et marchés, etc..... » Prorogation de ces droits, 12 décembre 1773, 22 juillet 1780, 22 juin 1783, etc.

chez lui toute idée de travail et de prévoyance, seul véritable moyen d'améliorer son sort.

Quoi qu'il en soit, la loterie était un moyen usité et les enfants trouvés eurent la leur.

Sur la demande faite en 1717 par M. de Mesmes, premier président du parlement de Paris et l'un des chefs de l'administration de l'hôpital général, basée sur les dépenses croissantes de la maison, le Roi, de l'avis de Monseigneur le duc d'Orléans, accorda une loterie à vingt-cinq sols le billet dont on devait retirer cinq sols au profit de l'établissement «digne d'une charité et d'une attention particulières »[1].

Cette disposition fut ensuite modifiée avant d'avoir été exécutée et la loterie ne commença en réalité qu'au mois de mai 1721. Le billet étant fixé à 20 sols avec 15% de bénéfice pour les enfants trouvés[2] ce qui produisait annuellement, en moyenne, plus de 240,000 livres.

Un arrêt du conseil d'Etat attribua en outre à l'hôpital les lots non reclamés[3].

Cette situation prospère continua jusqu'en 1755, où les abbés et chanoines réguliers de Sainte-Geneviève dont l'église menaçait ruine obtinrent du roi que les billets des trois loteries qui se tiraient alternativement chaque mois dans la ville de Paris en faveur de l'église Saint-Sulpice, des enfants trouvés et de plusieurs communautés religieuses[4] seraient augmentés d'un cinquième et fixés à 24 sols, « pour être le produit de la moitié de cette augmentation appliqué sans déduction d'aucun frais à la reconstruction de la dite église[5]. »

Cette mesure fut désastreuse et les recettes baissèrent dans des proportions énormes.

[1] Code de l'hôp. gén., p. 319.

[2] Délib. du 21 août 1759.

[3] Code de l'hôp. gén., p. 320.

[4] Une quatrième loterie avait été autorisée en faveur de l'Abbaye-aux-Bois; elle prit fin en 1727. Délib. 21 août 1759.

[5] Code de l'hôp. gén., p. 322; arrêt du conseil du roi, 9 décembre 1754.

« Les sages et pieuses intentions de Sa Majesté (disent les administrateurs de la maison de la Couche [1]), pour la reconstruction d'une église précieuse aux habitants de la ville de Paris, la vénération et la confiance que ces habitants ont de tout temps euës dans la patrône de cette ville, sembloient promettre qu'ils redoubleroient leur ardeur et leur empressement à faire le fonds de ces loteries et à l'augmenter ; mais le public, attentif à son interrest particulier et à ce qui peut luy être avantageux... plusieurs dès le premier mois de l'établissement de cette augmentation ont borné leur interret, d'autres ont cessé de s'interresser à ces loteries, ce qui depuis la dite augmentation des quatre sols a occasionné une diminution considérable..... plus de 144,000 livres par année. »

Des palliatifs furent essayés sans succès, et en 1762 [2] l'hôpital devait à l'abbaye de Sainte-Geneviève pour les sept années écoulées depuis l'établissement de cette augmentation une somme totale de 584,258 l. 17 s. qu'il était dans l'impossibilité de payer, la réduction des recettes coïncidant avec une augmentation du chiffre des admissions, et les administrateurs ayant appliqué cet argent au fur et mesure des besoins à la subsistance des enfants et à leur placement en nourrice dans les provinces [3].

L'abbaye ainsi lésée se pourvut au Conseil, qui, en présence du texte formel de la concession, ne put que rendre des arrêts ordonnant le paiement (9 décembre 1754, 20 janvier 1762), les directeurs formèrent opposition le même jour, et répandirent un mémoire exposant leur triste situation financière. Des secours royaux comblèrent en partie le déficit, ainsi que nous l'avons vu plus haut, et en 1776 la question perdit de son intérêt par la suppression de toutes les loteries et la création d'une seule dite *loterie royale de France*, à laquelle était unie celle précédem-

[1] Délib. du 21 août 1759.
[2] Délib. du 20 avril 1762.
[3] Délib. du 21 août 1759.

ment accordée aux enfants trouvés [1]. La part faite à l'hôpital, basée sur la moyenne des dix premières années et qui ne devait être alors que de 97,602 l. 5 s. 4 d., fut, sur les réclamations des directeurs, et afin de venir en aide à la maison, augmentée et portée à 140,234 l. 17 s. 8 d. [2].

Ces loteries occasionnaient, en dehors de la part réservée pour les lots, des frais très élevés : bureaux de placements dans les provinces, remises, etc. Au moment le plus florissant de l'institution, alors qu'elle produisait 240,000 livres par an de bénéfices, il fallait placer 1,600,000 billets à 20 sols, pour obtenir cette somme; que d'argent inutilement employé, au détriment de la fortune publique et de l'épargne du peuple!

II

Réunions d'œuvres préexistantes.

En dehors de ces donations royales, concessions de droits d'octroi, etc., l'hôpital des enfants trouvés bénéficia de 1670 à 1791 de la cession qui lui fut faite de plusieurs établissements préexistants.

La première cession par ordre chronologique est celle des revenus de la confrérie de la Passion et Résurrection de Notre-Seigneur : confrérie autorisée primitivement par lettres patentes du roi Charles VI (décembre 1402) à faire représenter ces mystères en public dans l'église de la Trinité, mais dont le but avait complètement dégénéré. Louis XIV, « voulant pourvoir à ce que les dits biens et revenus de la dite confrairie, qui sont sans aucune destination, ne soient dissipés en des dépenses inutiles et superflues, et voulant pourvoir au contraire à ce qu'ils soient bien et duement administrés, » ordonna, par arrêt du conseil du 14 avril 1676 [3], que l'entière administration de ces biens serait unie à l'hôpital général « pour être employés (la

[1] Arrêt du conseil, 30 juin 1776. (Code de l'hôp. gén., p. 323.)
[2] Arrêt du conseil, 6 avril 1777. (Code de l'hôp. gén., p. 324.)
[3] Code de l'hôp. gén., p. 327.

charge du service divin déduite et satisfaite) à la nourriture et entretien des pauvres de l'hôpital des Enfants Trouvés ».

Quatre années plus tard, l'hôpital des Enfants-Dieu (dit Enfants-Rouges), fondé par François Ier en 1536, pour recevoir principalement les enfants dont les parents étaient morts à l'Hôtel-Dieu, et autres orphelins de la ville et des villages environnants, fut uni également à la maison de la Couche (déclaration royale 20 mai 1680 [1]). Cet établissement subsista cependant jusqu'en 1772; il renfermait alors environ quatre-vingts pensionnaires [2], mais à cette époque il fut prouvé que les revenus de la maison étaient insuffisants, que depuis 1765 la dépense annuelle montait à 26,000 livres et la recette à 11,000 livres seulement, l'hôpital général devant fournir la différence; aussi les lettres patentes de mai 1772 autorisèrent-elles la translation des enfants existants, en mettant les biens à l'entière disposition des administrateurs des Enfants-Trouvés, à charge d'acquitter les fondations [3]. Le droit de quêter pour les Enfants Rouges accordé par François Ier était néanmoins maintenu aux enfants trouvés, indépendamment de leurs anciennes quêtes particulières [4].

La troisième union est de l'année 1781 et s'applique aux biens de l'hôpital Saint-Jacques, avec cette clause particulière qu'au moyen de ces ressources nouvelles les administrateurs « étaient tenus d'acquérir un lieu qui par ses bâtimens et emplacemens pût être rendu propre à recevoir tous les enfants reconnus, soit par la visite et inspection, soit par les témoignages des accoucheurs et sages-femmes, pouvoir être atteints de maladies communicables... [5]. »

[1] Code de l'hôp. gén., p. 328.

[2] Délib. du 28 novembre 1758.

[3] Code de l'hôp. gén., p. 331.

[4] Cette maison des Enfants-Dieu était située au coin de la rue Portefoin, dans le quartier du Temple. La rue de la Corderie longeait l'église bâtie en 1545. Les prêtres de la doctrine chrétienne achetèrent, en 1777, les bâtiments, qui furent démolis en 1796; des rues s'ouvrirent sur leur emplacement. Dubreuil, édit. de 1639, livre III, p. 744. Lebeuf, édition Cocheris, tome II, p. 320 et 487.

[5] Lettres patentes de mai 1781. Code de l'hôp. gén., p. 333. Arrêt de

III

Fondations et aumônes.

Jusqu'ici nous n'avons parlé que des concessions de l'autorité royale ; il faut examiner les actes dus à la charité privée en faveur des pauvres trouvés.

A l'origine, nous voyons les dames fondatrices de la maison de la Couche fournir généreusement à tous les besoins; l'établissement du faubourg Saint-Antoine est acheté, agrandi avec ces libéralités.

La première bienfaitrice est Mme d'Aligre; « puis S. A. S. Mme la princesse de Condé eut la charité en 1709, M. Rousseau directeur général des monnoyes de France en 1718, et successivement plusieurs autres personnes de piété, de faire construire à leurs dépens les bâtiments qui forment les deux ailes, au moyen de quoi la maison pouvait contenir 6 à 700 enfans.[1] » Plus tard, en 1758, « une personne de considération, » qui ne voulut jamais être nommée, proposa au bureau d'élever deux pavillons nouveaux, l'un pour les garçons, l'autre pour les filles[2]. Cette pieuse personne

parlement déboutant de leur appel les administrateurs de Saint-Jacques, 27 janvier 1784 (code, p. 335). La célèbre confrairie de Saint-Jacques aux pèlerins remontait au XIVe siècle. L'hôpital situé rue Saint-Denis avait été réuni en 1672 à l'ordre de Saint-Lazare, séparé en 1693, puis réuni de nouveau en 1722. Lebeuf, édit. Cocheris, tome 1er, p. 127 et 252. En 1676, d'après le travail de M. Bordier (Société de l'hist. de Paris, t. II, p. 385), les biens de la confrairie Saint-Jacques aux Pèlerins, consistaient en 45 maisons sises à Paris, 5 auvents ou échoppes adossés à l'église, quelques rentes et 50 arpents de terre environ à Mitry, diocèse de Meaux, le tout produisant en moyenne 24,000 livres. C'est par erreur que certains documents administratifs portent que l'hôpital du Saint-Esprit fut réuni aux Enfants-Trouvés. Cet établissement fut, au contraire, réuni à l'hôpital général. Déclaration du 23 mars 1680 (code de l'hôp. gén., p. 377).

[1] Délib. du 29 juillet 1760.

[2] Le pavillon des garçons coûta seul 62,073 l. de construction ; celui des filles fut élevé dans les mêmes conditions; le bienfaiteur anonyme souscrivit à tout. « Sous le bon plaisir du Bureau lui ai donné le susdit état, dit M. Duchesne receveur, montant au total de 62,073 l., dont il a paru satisfait et content. » Délib. du 10 juillet 1760.

paya non seulement toutes les dépenses de construction, mais encore celles des lits et des meubles nécessaires.

Voici maintenant quelques libéralités relevées au hasard dans les procès-verbaux et intéressantes par leur importance ou leur origine.

Le 26 janvier 1671, Mme Jolly apporte au bureau vingt louis d'or de « l'Aumosne du Roy ».

En 1673, Mme Amyot donne la somme nécessaire pour l'élévation des fonts baptismaux de la chapelle.

Le 10 septembre 1674, Mme de Guisse (*sic*) envoye « deux louis d'or pour faire prier Dieu pour monsieur d'Alençon lequel est malade ».

Le père Edmond Boutonné, de l'Oratoire de Gesù, donne deux mille livres, à condition qu'on lui servira une rente viagère de 153 livres (14 février 1674 [1]).

Mme Faverolles offre cent louis d'or, valant 1,100 livres, à charge de faire dire une messe pour le repos de l'âme de frère Faverolles, son fils, religieux profès à la Trappe (9 mars 1678).

Mme de Fromon fait envoyer au bureau soixante louis d'or, « provenant de la queste faitte en la cour, à Pasques, par les soins de Mme de Maintenon » (20 may 1693).

Pierre Petit, enfant trouvé, décédé à la Charité, laisse à la maison où il avait été élevé ses habits, linges, hardes et 170 livres 10 sous 23 deniers (18 novembre 1693).

Le 10 avril 1720 on trouve dans un des troncs de l'église Notre-Dame un paquet cacheté contenant cinq billets de banque de mille livres chacun, « et estait escrit sur le papier servant d'enveloppe que l'intention de celuy qui donne ces billets est que messieurs les administrateurs en fassent apprendre des métiers aux enfants, et que l'on fasse dire 50 messes pour demander que le bon Dieu luy fasse miséricorde ».

[1] Le 1er mars 1747, la veuve d'un conseiller au parlement donna 6000 liv., à charge d'une rente viagère de 300 liv.

Le 16 février 1751, M. le marquis de Delassay fait don d'une somme de 100,000 livres. Deux ans plus tard M. Delahaye lègue 50,000 livres, moitié à l'hôpital général, moitié aux enfants trouvés (4 décembre 1753).

Un habitant de Saint-Domingue, paroisse du fort Dauphin, nommé Carcallier, comprend l'hôpital dans son testament pour 30,000 livres (10 juin 1755). En 1760 (1er juillet) on constate qu'après transaction avec les héritiers de M. de Bauve il reste du legs fait par ce bienfaiteur 304,077 liv. 15 sols 7 deniers[1]. Un sieur Martinet, chirurgien en chef de l'hôpital général, donne 12,000 livres (10 juin 1760). Enfin le 1er octobre 1781 on trouve mention de la rentrée d'une souscription relative à la publication de la musique posthume de Rousseau, l'éditeur ayant contracté l'engagement vis-à-vis du public d'appeler les enfants trouvés à profiter du bénéfice qui en résulterait.

Indépendamment de ces dons, les troncs placés dans les églises et les quêtes rapportaient des sommes assez élevées[2].

Dès l'année 1670 des troncs étaient mis en effet avec l'assentiment de l'archevêque dans les principales églises[3], et l'on continua pendant tout le XVIIIe siècle à placer dans berceau de la cathédrale, ainsi que nous l'avons vu plus haut, des enfants destinés à solliciter par leur présence la charité

[1] L'importance du legs était de 1,268,000 ; 2/3 à l'hôpital général, 1/3 aux enf. trouvés.

[2] Voici le relevé des chiffres constatés à ce sujet dans la séance du 31 décembre 1671. C'était, il est vrai, le temps de la première ferveur pour l'œuvre.

Bassin de la Couche	180l 15s
Quête du samedy	41l 5
Tronc de Notre-Dame	668l 14s
Plusieurs anonymes	230l
Legs de Mlle de Brasles	2,000l
Don de Mme la duchesse d'Aiguillon	1,000l
Queste de la paroisse Saint-Médéric	500l
Queste de Saint-Benoist	332l
M. le curé de Saint-André	69l 10s
Paroisse Saint-Christophe	43l 15s

[3] Délib. du 24 octobre 1670.

des fidèles [1]. La quête ainsi faite le dimanche de la Passion de cette même années 1671 produisit 59 liv. 17 sols [2]. En 1672 les quêtes de toute la semaine sainte fournirent 659 l. 2 s. [3].

Il est intéressant de noter que, lors de la réunion des justices seigneuriales à la justice royale des Chatelets (1674), les doyen et chapitre de Notre-Dame devaient un reliquat de 4,500 l. sur leur contribution annuelle ; il fut décidé par transaction que remise était faite de cette somme à condition qu'ils laisseraient établir « deux troncs nouveaux dans le milieu de la nef de leur église, l'un pour l'hôpital et l'autre pour celui des dits enfants trouvés, outre les cinq qui sont dans la dite église avec la couche » [4].

La maison des enfants trouvés était aussi chargée de fondations nombreuses avec destination spéciale. Nous trouvons d'abord le legs de M. Belin, trésorier de France, fait en 1697 et consistant en une rente de 550 l. assignée sur la ferme des postes « pour être employée à dotter les filles et les garçons de l'hôpital des enfans trouvez qui se trouveront en état de passer dans le mariage [5]. »

Dès l'année 1720 cette rente se trouvait déjà réduite a 182 l. 13 s. [6].

En 1697 M. Jacques le Beuf, conseiller du roy, receveur général et payeur des rentes sur le clergé, donna par contrat « 200 l. de revenu sur la ville, en principal au denier vingt de 4000 l., à la charge que les arrérages seraient employés annuellement à mettre en métier deux enfans » choisis par lui ou ses héritiers [7].

[1] Hurtaut et Magny, *Dict. de la ville de Paris*, tome III, p. 238 (note). Jaillot, *Rech. sur Paris*, tome Ier, quartier de la cité, p. 96.

[2] Délib. du 20 mars 1671.

[3] Délib. du 22 avril 1672.

[4] Délib. de l'hôp. gén., 16 juillet 1676 (code, p. 316).

[5] Délib. 10 fév. 1756.

[6] La rente avait été remboursée à l'hôpital en 1715, et il avait été fait remploi en une nouvelle, au denier 25, créée par l'édit de décembre 1713 ; mais, par arrêt du conseil du 4 juillet 1720, ladite rente s'était trouvée réduite du denier 25 au denier 40. (Délib. 15 mars 1727).

[7] Délib. 20 fév. 1759. Cette rente ne produisait plus que 120l en 1720 ; un seul enfant put alors être mis en apprentissage.

Dans le même ordre d'idées on voit des fondations dues à l'abbé Valôt [1] (1709), Jean-Baptiste Buchère écuyer conseiller secrétaire du roy (1717) [2], Me Delusancy prêtre chanoine de l'Eglise de Paris (1756) [3].

D'un autre côté M. Etienne Braquet, avocat et directeur de l'hôpital général, avait légué aux enfants trouvés le quart de sa fortune, en obligeant les administrateurs à répartir chaque année 1500 l. « entre dix pauvres étudiants pour les élever daus les études et les rendre capables de servir l'Eglise [4] ».

IV

Revenus immobiliers.

La maison des enfants trouvés possédait enfin des revenus de propriétés foncières; une seule de ces propriétés mérite notre attention; elle provenait de la confrairie de la Passion et est indiquée dans l'arrêt du 14 avril 1676, sous le titre de « place et masure de l'hôtel de Bourgogne [5] »; on y représentaient les mystères dès l'année 1548.

En 1716 la troupe italienne rétablie par ordonnance du roi (18 mai) sous le nom de « nouvelle troupe des comédiens italiens de Monseigneur le duc d'Orléans [6] », loua cette maison par bail passé devant Me Dutartre notaire le 9 août 1717, moyennant le prix annuel de 3000 l. pour une durée de 9 ans de jouissance à compter du 1er juin 1716 [7]. Dix ans plus tard, les comédiens s'étant acquittés assez inexacte-

[1] Délib. 30 janvier 1726, 300l ramenées à 165l.

[2] Délib. 20 fév. 1759, 150l rameuées à 93l 15s.

[3] Délib. 30 oct 1758, 542l 5s 6d.

[4] Délib. 22 juillet 1724, 10 septembre 1748. Le chiffre des bourses dut être réduit à 6 au milieu du XVIIIe siècle, afin d'en porter le montant à 250l.

[5] Cet hôtel était en ruines depuis la mort du dernier duc de Bourgogne en 1477. (G. Brice, *Descript. de Paris*, édit. de 1725, tome Ier, p. 470).

[6] Germain Brice, *ut supra*, p. 468.

[7] Délib. 21 février 1728.

tement de leurs loyers, les administrateurs décident de commencer des poursuites contre eux [1]. Le receveur est chargé de les voir « dans la huitaine pour savoir s'ils s'arrangent pour le payement, et en cas qu'ils ne donnent pas de paroles positives pour donner de l'argent sera passé outre à l'exécution. » Le 21 février les comédiens comparaissent au bureau [2]; il est constaté que le total de la dette s'élève au 31 décembre 1727 à la somme totale de 34,750 l. sur laquelle il a été payé 30,250 l. « sur quoy ils promettent payer 1500 l. à la clôture de la dite comédie qui arrivera le dimanche de la Passion, ensemble les frais du bail et commandement fait en conséquence, et les autres 3000 l. dans le courant de l'année. » Le bureau se tient pour satisfait et le 3 avril suivant il agite la question de savoir s'il est opportun de convoquer à nouveau les comédiens italiens pour leur demander de passer un nouveau bail; mais un membre fait observer qu'ils pourraient demander des réductions « et qu'il seroit plus avantageux de les laisser jouir par tacite reconduction [3]. »

Au mois de septembre 1751 [4] ces locataires sollicitent l'autorisation de percer une porte dans le mur mitoyen, vu que, pour faciliter leurs représentations, ils ont loué une petite maison contiguë appartenant à M. Parent, conseiller au Parlement [5]. Passée cette époque, les procès-verbaux ne parlent plus de cette location; ils ne contiennent pas non plus un état des propriétés appartenant à l'établissement des enfants trouvés [6], qui, toujours à bout de ressources, en

[1] Délib. 24 janv., 31 janv., 7 fév. 1728.

[2] Délib. de ce jour.

[3] Délib. de ce jour.

[4] Délib. du 7 septembre 1751.

[5] Ce conseiller ne pensait pas comme ses prédécesseurs de 1577, qui avaient refusé d'autoriser les premiers comédiens italiens amenés par le roi, vu que leurs pièces « n'enseignaient que paillardises et vilanies ». Germain Brice, p. 466.

[6] On trouve cependant, à la date du 28 février 1728, cette note assez curieuse : Des marchands louaient pour 4,000l plus 25l pour les boues et lanternes une maison sise au petit Pont. Ce loyer avait été fait en 1720 pour 9 années, et il y avait des loyers arriérés par suite de la sta-

cherchait une dans la faible rétribution allouée aux enfants conduits aux enterrements.

Il était d'usage alors de faire accompagner les convois par des orphelins appartenant à diverses œuvres, et les trois maisons de la Couche, du faubourg Saint-Antoine et des Enfants-Rouges fournissaient un large contingent sous ce rapport. On demandait en 1690 cinq sols par enfant[1] et vers la fin du XVIIe siècle ce droit rapportait environ 40 livres par semaine[2].

C'était évidemment une pensée pieuse mêlée d'un peu de vanité qui avait donné naissance à cet usage; des parents désiraient entourer celui qui venait de mourir d'âmes innocentes pouvant prier pour lui; d'autres y voyaient une pompe nouvelle au cortège funèbre; quoi qu'il en soit, cette coutume ne pouvait être que déplorable pour les enfants; aussi en 1754 un administrateur, M. Ravault, obtint-il la suppression de l'envoi des Enfants-Rouges; les raisons excellentes qu'il donne à l'appui de sa proposition font regretter que la pénurie de la maison de la Couche ne permît pas de prendre à cet égard une mesure générale. « Nonobstant les soins et les attentions des maîtres, dit-il[3], les enfans n'apprennent que très imparfaitement à lire et à écrire, vu qu'yls sont continuellement dissipés soit par les convoys soit par les récréations. »

De plus les enfants étaient exposés à gagner des maladies par la fatigue et la chaleur, en revenant des convois, surtout des paroisses très éloignées, et pendant les mauvais temps[4].

gnation des affaires; » on réduisit 800[l] sur l'ensemble de la dette par cette considération « que depuis la confection du bail le prix des loyers avait diminué de plus de moitié. » Cette maison est dénommée maison de l'Empereur au Petit-Pont.

[1] Délib. 20 septembre 1690.

[2] Délib. 16 décembre 1693.

[3] Délib. 12 septembre 1754.

[4] De 1742 à 1751, cette assistance avait produit pour les Enfants-Rouges seulement 9,771[l] 9[s], plus 1,244[l] 3[s] 6[d] pour la cire, soit 11,015[l] 12[s] 6[d]. Il y avait là de quoi compenser l'usure des habits dont parle aussi M. Ravault.

Telles étaient d'une manière générale les ressources de l'œuvre des enfants trouvés à Paris. On pourrait les croire suffisantes au premier abord ; mais, ainsi que nous le verrons, le chiffre des enfants admis grossissant d'année en année les dépenses dépassaient toujours les recettes, et cette situation dura jusqu'à la fin du XVIIIe siècle, les provinces environnantes formant un réservoir inépuisable de pauvres petits êtres que l'on amenait dans la capitale pour les mettre à la charge de la charité parisienne.

Il fallait donc constamment que l'hôpital général vînt avec ses propres revenus combler le déficit, en prenant les enfants au retour des placements ou en fournissant directement les sommes dues pour mois de nourrice. Dans la séance du 3 mai 1712 les administrateurs de l'hôpital général constatent qu'ils avaient déjà fourni de ce chef 288,000 livres. Ces sacrifices étaient continuels en raison de cet envahissement d'enfants étrangers à Paris, et même à l'Ile-de-France [1].

[1] Code de l'hôp. gén., p. 340.

CHAPITRE II

HISTOIRE DE LA MAISON DE LA COUCHE A PARIS.

ADMISSION ET MISE EN NOURRICE DES ENFANTS TROUVÉS.

Nous avons vu dans le chapitre précédent qu'au XVIe siècle les enfants trouvés étaient recueillis par les commissaires du Châtelet ou à leur défaut par la femme chargée de la maison du port Saint-Landry; lors de la constitution de la Couche, le même mode d'admission fut suivi et tous les enfants envoyés dans cet établissement, en vertu de procès-verbaux des commissaires enquêteurs. Le plus ancien procès-verbal conservé dans les archives de l'hospice des enfants assistés est ainsi conçu :

« L'an mil six cent trente neuf le lundy septiesme jour de novembre dix heures du matin, nous Jacques Autruy, commissaire et examinateur au chastelet de Paris, sur l'advis a nous donné par Pierre Auger, marchand de bled demeurant rue Mortellerie, sommes transporté en sa maison scise rue Mortellerie, dans l'allée de laquelle aurions trouvé un petit enffant nouveau nay exposé dans ces langes et linceux que nous aurions faict lever par Catherine Pasquier et developper dans la maison dudit Auger; aurions trouvé dans son lange un billet cy attaché contenant ses mots: à la requeste de Berthelemye Jolly, fille à marier, soit offert à Pierre Auger, marchand de bled, l'enfant procréé de ses œuvres et de ladite Jolly, baptisé sous le nom de Nicolle

Auger sur les fondz de l'église Saint-Paul, comme appert par l'extrait du baptistaire du vingtiesme jour d'octobre dernier, et ycelle faire instruire et élever en la foix catholique, apostolique et romaine; et ouï le dit Auger sur ce que dessus, après serment par lui fait, en tel cas requis et acoustumé, a dit que la dicte Berthelemie Jolly a cy devant esté à son service et qu'il y a quatre mois qu'il l'a mis hors de sa maison sur ce qu'il descouvroit quelle estoit de mauvaise vie, laquelle depuis l'a calomnieusement accusé par devant M. le lieutenant criminel d'avoir eu affaire a elle et d'estre enceinte de son fait et œuvre et pour c'est effet fait instance par devant le dit sieur lieutenant criminel, ou ledit Auger auroit été ouy et fait ses poursuittes à l'encontre d'elle pour avoir sa réparation; ce qu'il proteste d'abondant pour l'affront et le scandal que ladite Joly lui a fait d'avoir envoyé exposer ledit enfant dans l'allée de sa maison pendant son absence. Lequel enfant, qui est une petite fille, avons à l'instant fait porter à la Couche jusqu'a ce qu'il soit par nous plus amplement informé, et ordonné par monsieur le lieutenant criminel de ladite exposition. Et a signé en notre minutte. »

Une fois prévenu de l'abandon d'un enfant, le commissaire se transportait donc de sa personne et procédait à la levée. « Nous nous sommes transporté en une maison sise rue Saint-Antoine, dit un autre procès-verbal, où est demeurant M. Joly, bourgeois de Paris, en l'allée de laquelle nous avons trouvé un petit enfant nouveau-né exposé dans ses langes que nous avons fait développer dans la chambre du dit sieur Joly [1]. » Souvent en hiver on trouve cette mention : « démailloté devant le feu ». Généralement cette opération avait lieu dans la cuisine de la maison.

Il est pris note en marge de ces pièces, des sommes payées pour le transport à la Couche (10 sols, 16 sols, 20 sols, suivant la distance).

En dehors de cette source d'admission, on envoyait aux

[1] Procès-verbal du 1er janvier 1655.

trouvés des enfants nés à l'hôtel-Dieu et dans les lieux de force de la Salpêtrière [1].

Voici un procès-verbal relatant une translation faite par le premier de ces établissements. « Les administrateurs de l'hostel Dieu de cette ville de Paris députés pour avoir soin des enfans dont les mères meurent dans iceluy, prient mesdames de la charité de faire recepvoir le nommé Charles Hochaut, natif de Montmorency, fils de..... et de Michelle Calais, qui est entrée malade au dit hostel-Dieu le 28 avril dernier (1658) et, où le dit Charles Hochaut son fils lui a esté apporté de Lime, proche de La Rocheguyon, le 3 may dessuivant et des suites de la dicte Michelle Calais est deceddée au dit hostel-Dieu ce jourd'huy, ainsy que de tout appert par le certificat y attaché; fait à l'hostel-Dieu le premier de juin 1658. »

Ces envois étaient si fréquents que les dames de charité élevèrent des difficultés à ce sujet, et refusèrent en 1668 de recevoir ces orphelins [2].

Le lieutenant criminel donnait aussi des autorisations

[1] Ext. des délib. du bureau de l'hôp. gén., 7 janvier 1761 (code, p. 343).

[2] Délib. Hôtel-Dieu, 8 mai 1665 (arch. assist. pub.). « Les dames de la charité qui ont le soin des enfans trouvez sont venues au Bureau se plaindre du grand nombre d'enfans qui leur est envoyé de l'Hôtel-Dieu, et le peu de moyen qu'elles ont de les nourir, afin que le Bureau y pourvoye, comme il faisoit auparavant qu'elles se fussent chargées de les recevoir. Et leur a esté remontré que le nombre des femmes accouchées qui mouroient cy devant dans l'Hôtel-Dieu a donné lieu à cette augmention qui diminuera à l'avenir. » — 4 décembre 1665 : « Les dames de la charité ont dit que la misère du temps les a réduit à une telle extrémité de ne pouvoir plus entretenir les enfans orfelins dont l'Hôtel-Dieu est chargé; c'est pourquoy elles viennent avertir le Bureau que de ce jourd'huy elles n'en recevront plus, sauf au Bureau à les récompenser du passé comme il jugera à propos. » — Le 11 décembre 1665 elles refusent décidément de recevoir ces enfants; et le 12 février 1866, « sur la remontrance de M. Perreau, la compagnie a arresté que l'on mettra dans l'Hôtel-Dieu un écriteau portant ces mots : Tronc pour la nourriture et gages de toutes les nourrices qui allaitent les enfans qui sont à la charge de l'Hôtel-Dieu qui se mettoient autrefois aux enfans trouvez. » A dater de 1670, ces admissions recommencèrent comme par le passé.

de transfert à la Couche ; le bureau proteste même le 23 mai 1671 contre la fréquence de ces envois [1].

Quelquefois on trouvait avec l'enfant un billet destiné à faciliter sa reconnaissance ultérieure par ses parents [2] ; ces feuilles indiquant les noms et prénoms de l'enfant et l'espoir de le reprendre un jour se multiplient vers 1680. A partir de 1740, les billets trouvés avec les enfants sont pour ainsi dire la règle, et les procès-verbaux des commissaires portent cette mention imprimée : « dans les langes duquel s'est trouvé un billet que nous avons paraphé *ne varietur* et joint au présent. »

Généralement les enfants sont exposés dans des lieux fréquentés, à la porte d'églises, d'hôtels, de couvents ; en 1717, nous trouvons un procès-verbal relatant un abandon entouré de précautions particulières.

« De l'ordonnance de nous Nicolas Delamare, conseiller du roy, commissaire au Chastelet, a esté levé un garçon nouvellement né, trouvé exposé et abandonné dans une boette de bois de sapin, exposé dans le parvis Notre-Dame, sur les marches de l'église de Saint-Jean-le-Rond, lequel nous avons à l'instant fait porter à la Couche des enfans trouvez pour y estre nouri et allaité en la manière accou-

[1] Délib. 23 mai et 19 juin 1671.

[2] Archives des Enfants-Assistés. Année 1661. « Enfant baptizé quy se nomme Louis Vernay. »

14 janvier 1671. « Mon Dieu ce pitiez de ce pauvre enfant ; ge prie Dieu qu'il échoict dans les mains de quelque bonne personet e Dieu les récoupancera ; l'aufant et batisé e sapel Nicolast ; il est né la veil de la saint Michel du mois de sebtembre. »

9 février 1726. « Nous aurons, messieurs les administrateurs, non seulement l'honneur de vous remercier, mais de dédommager l'hôpital de toutes les dépenses qu'il aura fait ; nous vous demandons en grâce qu'on en ait un très grand soin et qu'on prenne garde de ne le point confondre avec d'autres. »

3 juin 1730. « Le père et la mère de cet enfant prie instament d'en avoir grand soin ; il est de naissance et bonne famille, il a quinze jours, il est batisé et s'appelle Jean, il a testé. Dans six mois au plus on ira le demander...... et l'on paiera tout ce que l'on pourra exiger..... »

6 novembre 1769. Les nom et prénoms de l'enfant sont écrits au dos d'une carte à jouer (un huit de cœur). »

tumée. Fait et délivré le seize novembre mil sept cent dix-sept, six heures du soir. Signé : Delamare. »

Cet enfant, baptisé le 17 novembre, et appelé *Jean le Rond*, est connu dans l'histoire sous le nom de D'ALEMBERT [1].

Ces mots *de l'ordonnance* marquent une certaine modification dans la rédaction des procès-verbaux. Voici en effet ce qui s'était passé. Primitivement, alors que l'on comptait quelques admissions seulement, les commissaires pouvaient procéder eux-mêmes à la levée des enfants, et les procès-verbaux sont tous minutés à la main, sur papier timbré à 1 sol, 8 deniers, 6 deniers, suivant le format. Plus tard, vers 1680, le chiffre des admissions augmentant, on trouve des procès-verbaux dont le texte est rédigé d'avance, les blancs restant seuls à remplir. Enfin en 1683, apparaissent les formules imprimées, et en 1700 ces actes cessent d'être faits sur timbre.

Il y a des modèles préparés pour les divers modes de réception [2], et les envois de l'Hôtel-Dieu sont toujours assez nombreux pour nécessiter des imprimés spéciaux ; l'hôpital général seul fait porter directement, comme par le passé, les enfants provenant de la Salpêtrière.

Enfin les commissaires se trouvant dans l'impossibilité de se rendre par eux-mêmes aux endroits où les enfants étaient déposés, alors qu'il y avait quelquefois, comme en 1762, 15, 20 et même 30 abandons dans une nuit [3], délèguent un agent à cet effet, font apporter l'enfant à leur hôtel, et libellent le procès-verbal en mettant : « De l'ordonnance de nous..... »

Ces formules, qui commencent dès 1701, après s'être confondues pendant plus de 30 ans, dans les liasses avec les pro-

[1] Voir aux annexes n° I, les pièces prouvant que d'Alembert a été placé en nourrice en Picardie par les soins de la maison de la Couche, et rendu à ses parents au mois de janvier suivant (1718), par l'entremise de M. Molin, médecin du roi.

[2] Voir aux annexes n° II, les copies de divers procès-verbaux.

[3] Délib. 20 avril 1762.

cès-verbaux mentionnant la levée de l'enfant, deviennent peu à peu la majorité, et on peut affirmer qu'en 1736 les commissaires ne se dérangent plus.

En outre, vers cette époque, les personnes qui ont trouvé un enfant, l'apportent habituellement à l'hôtel du commissaire de leur quartier [1].

A l'origine, tous les enfants étaient donc exposés dans le sens réel du mot, sauf quelques-uns abandonnés chez des sages-femmes à la suite de manœuvres frauduleuses [2], et ceux provenant de l'Hôtel-Dieu, de l'hôpital général ou envoyés par le lieutenant criminel.

C'est seulement au milieu du XVIIIe siècle que se généralisent les abandons directs par les nourrices, les sages-femmes ou les parents.

Les procureurs fiscaux se mêlaient également d'envoyer des enfants à la maison de la Couche, car cette augmentation rapide du chiffre des admissions provient uniquement, on ne saurait trop le redire, de la tendance de plus en plus marquée de la province à se décharger sur Paris du soin de ces pauvres petits.

Le 22 novembre 1725, on voit le procureur fiscal de Vaugirard recevoir des mains de sa grand'mère et envoyer à la Couche un enfant légitime, dont les parents ont disparu. Le 12 juin 1747 une sage-femme jurée porte un enfant chez le commissaire de police du *baillage roïal* de Versailles, avec

[1] Voir aux annexes, n° II, pièce n° 8.

[2] 12 janvier 1678. Gens ayant présenté à la sage-femme un faux certificat de mariage.

15 janvier 1697. Enfant confié à une nourrice, à la demande de la mère, par une sage-femme ; les nourriciers non payés rapportent l'enfant, et au lieu de l'exposer, comme tant d'autres, ils le déposent chez la sage-femme ; les parents étant disparus, le commissaire enquêteur ordonne l'envoi à la Couche.

8 janvier 1703. Jean Mondon loue une chambre à une femme qui avait deux enfants, dont un à la mamelle. Cette femme arrêtée pour mendicité avec son dernier enfant est conduite à l'hôpital général ; il reste donc le plus âgé. Le propriétaire non payé de ses termes et ne pouvant le garder, comparait devant le commissaire enquêteur qui envoie cet enfant à la Couche.

l'extrait de baptême, requérant son admission aux enfants trouvés. Le commissaire admet l'enfant et le fait porter à Paris par une *garde-malade*.

Le commissaire de cette ville envoie un enfant légitime (1755), « parce que la mère est dans une situation triste et hors d'état de nourrir le dit enfant, suivant qu'il est énoncé au certificat de M. le curé de la paroisse de Notre-Dame de Versailles ».

Le 30 novembre 1754 le lieutenant juge ordinaire civil criminel et de police de la prevosté du comté de Villepreux reçoit un enfant naturel qui lui est apporté par ses grands parents, déclarant que leur fille ne peut l'élever.

Paris suivit naturellement ce mouvement et les sages-femmes prirent l'habitude de se rendre à l'hôtel des commissaires enquêteurs [1] sans faire aucun mystère du nom des parents.

Ce sont des fils d'artisans, de bourgeois, d'un tailleur d'habits, d'un gendarme de la garde du roy, etc... Depuis 1774 les apports par les voituriers, les sages-femmes [2], deviennent la règle; on voit enfin des parents effectuer eux-mêmes l'abandon de leurs enfants.

Le système primitif d'exposition est décidément transformé et le délaissement dans les rues n'est plus qu'une exception.

Les derniers procès-verbaux d'admission rédigés par les commissaires enquêteurs au Châtelet sont de l'année 1790; mais les commissaires de police prennent leur place sans modifier en rien le mode d'admission, qui avait mis ainsi plus

[1] Le 1er décembre 1772, une sage-femme porte directement un enfant chez le commissaire enquêteur du quartier du Louvre.

[2] A Versailles, vers 1789, on voit les sages-femmes qui ont apporté l'enfant au commissaire se charger de le faire baptiser et conduire à Paris « et d'en rapporter le certificat de la dame supérieure ». Les commissaires ont même un imprimé spécial pour ces abandons.

A Paris, le même usage a lieu; « lequel enfant a été laissé à Mme May, sage-femme, qui s'en est chargée à l'effet de ce que dessus. » Les parents portent également leur enfant en vertu de l'ordre donné par le commissaire auquel ils l'ont présenté. Annexe n° II, pièce n° 13.

de 100 ans, depuis la fondation de la Couche, pour s'établir et passer complètement dans les mœurs.

Il faut remarquer cependant que jamais avant 1791 un enfant ne fut reçu dans cet établissement des mains d'un particulier sans un procès-verbal dressé par l'autorité compétente, et que le tour resta toujours une institution absolument inconnue à Paris avant le XIXe siècle. A partir de 1795 on n'exige plus qu'un acte de naissance [1].

§ 2. — CHIFFRES DES ADMISSIONS.

Les modes d'admission usités favorisaient tous l'apport à Paris d'enfants étrangers à la capitale; aussi les administrateurs, effrayés du chiffre croissant des entrées et des charges qui en résultaient, sollicitèrent-ils à maintes reprises des prescriptions sévères empêchant les habitants des pays environnants de se décharger sur la maison de la Couche des enfants délaissés en nourrice ou abandonnés par leurs parents et dont le nombre augmentait constamment, ainsi que le constate le tableau suivant [2].

Périodes décennales	Total des admissions	Périodes décennales	Total des admissions
		Report	84.840
1640-1649......	3.053	1720-1729......	20.632
1650-1659......	3.683	1730-1639......	26.718
1660-1669......	4.535	1740-1749......	32.917
1670-1679......	6.880	1750-1759......	44.574
1680-1689......	10.275	1760-1769......	56.110
1690-1699......	21.150	1770-1779......	67.033
1700-1709......	17.866	1780-1789......	57.139
1710-1719......	17.398		
	84.840		389.963

[1] Annexe n° II, pièce n° 18.

[2] Ces chiffres ont été publiés par Remacle, dans les documents statistiques joints à son livre sur les Enfants-Trouvés (1838) et par M. Lafabrègue, dans l'annuaire de la ville de Paris. Voir aux annexes (n° III) le tableau général des admissions à Paris de 1640 à 1884.

Ce résumé montre à la fois la marche rapide des entrées et, on peut le dire, le peu d'efficacité des défenses faites aux voituriers de se rendre les complices des abandons en se prêtant, moyennant salaire, au transport des enfants à Paris.

La première injonction est de l'année 1663, le 2 février. Le parlement, « sur ce qui lui a été remontré par le procureur du roi... savoir que les messagers, voituriers et conducteurs de coches, tant par eau que par terre, amenent tous les jours à Paris, presque de tous les endroits du royaume, des enfans de tous âges, de l'un et de l'autre sexe, qu'ils exposent dans les places publiques et dans les églises... fait tres expresses inhibitions et défenses à tous messagers, rouliers, voituriers et conducteurs de coches d'amener aucuns enfans, qu'ils n'en aient fait écrire les noms, surnoms sur leurs livres avec les noms, surnoms et demeures de ceux qui les auront chargés des dits enfans... à peine de punition corporelle et de mille livres d'amende au profit de l'hôpital général [1]. »

Le siècle suivant, 10 janvier 1779, un arrêt du conseil du roi s'exprime de même : « Sa Majesté est informée qu'il vient tous les ans à la maison des enfants trouvés plus de deux mille enfans nés dans des provinces très éloignées de la capitale ; ces enfans, que les soins paternels pourroient à peine défendre contre les dangers d'un âge si tendre, sont remis sans précaution et dans toutes les saisons à des voituriers publics distraits par d'autres intérêts et obligés d'être longtemps en route, de manière que les malheureuses créatures victimes de l'insensibilité de leurs parents souffrent tellement d'un pareil transport que près des neuf dixièmes périssent avant l'âge de trois mois [2]. »

[1] Code de l'hôp. gén., p. 309. V. arrêt 23 nov. 1695, p. 406.

[2] On lit à ce sujet dans le registre des délibérations du bureau de l'hôpital général, séance du lundi 14 décembre 1772 (code p. 353). « Ces enfans sont envoyés des généralités les plus éloignées, telles que d'Auvergne, de Bretagne, de Flandre, de Lorraine, d'Alsace, des trois évêchés, etc., non seulement par les pères et mères qui les abandonnent,

Nous avons relevé dans les liasses des procès-verbaux l'indication d'enfans apportés de Metz, Cambray, Rouen, Chartres, Bar-le-Duc, Mons-en-Hainault, Sedan, pays de Liège, Auxerre etc. L'Auvergne et la Bretagne en fournissaient également.

On croyait que la plupart de ces pauvres petits étaient des enfants légitimes abandonnés par des parents que la misère réduisait à une pareille extrémité; cette opinion, qui ne s'appuyait que sur quelques mots prononcés par un des directeurs de l'hôpital, est absolument fausse, les procès-verbaux de 1760 contenant les indications suffisantes ont permis de constater que sur 5,032 admissions il y avait eu 4,297 enfants illégitimes et seulement 735 légitimes, ce qui donne environ un septième pour cette dernière catégorie. (*Annuaire de la ville de Paris* 1880, p. 470.)

Alors comme toujours, c'était la débauche qui peuplait les hôpitaux d'enfants trouvés.

§ 3. — LE SÉJOUR DES ENFANTS A LA COUCHE.

Les chiffres d'admissions dont il vient d'être parlé ne s'appliquent toutefois, il faut le dire, qu'à des enfants en bas-âge, recueillis par la maison de la Couche, et ils sont loin de représenter le total des abandonnés effectivement

mais par les hauts justiciers qui seroient tenus de les élever, et par quelques hôpitaux même de ces provinces. On en charge des commissionnaires qui ne sont autorisés par aucuns juges, qui la plupart ne savent pas lire; en sorte que, ou ils n'ont pas d'extraits baptistaires, ou ceux qu'ils rapportent, ne s'accordent ni avec l'âge ni avec le sexe de l'enfant; que pendant ces longues routes qu'on leur fait faire dans des paniers ou dans des voitures ouvertes à toutes les injures de l'air, ils n'ont point de nourrices qui les allaitent, et ce n'est souvent qu'avec du vin qu'on les nourrit; que cette barbarie en fait périr un grand nombre dans le chemin, et que les autres, épuisés par les fatigues du voyage, n'arrivent que languissants, et nous avons la douleur de voir qu'ils meurent en beaucoup plus grand nombre que ceux qui sont de Paris; en sorte qu'outre la surcharge des hôpitaux de Paris et le dépeuplement des provinces que ce désordre entraîne, l'ordre public et l'humanité en souffrent également. »

par leurs parents. Une distinction très importante doit être faite à ce sujet.

La maison de la Couche « n'avait été établie en principe que pour les enfants nouveau-nés et privés de secours ».

On ne voulait même recevoir que les enfants voulant teter, sous le prétexte que les autres devaient être légitimes puisque leurs parents les avaient conservés pendan plusieurs mois.

« Sur l'advis qui a esté donné du bureau de cet hospital des enfants trouvés, dit la délibération du 22 février 1675, que tous les jours l'on exposoit des enfans sevrés et au-dessus d'un an, estant des enfans apparemment légitimes; il a esté résolu que dores en avant pour empescher le grand nombre des enfans exposés, les sœurs garderont dans la maison de la chapelle de Jésus enfant notre Seigneur, tous les enfans de cet âge ne voulant plus tetter qui auront esté apportés ou envoyés par MM. les commissaires du Chastellet jusques à ce que quelqu'un de MM. les directeurs les ayent veus pour juger s'ils sont véritables objets de cet hospital ou de celui de l'hospital général. Les enfans exposés âgés de plus d'un an estant apparemment légitimes ne seront pas si volontiers exposés quand les pères et mères scauront que leurs enfans seront envoyés à la maison de la Salpêtrière. »

En 1757, un administrateur, M. Ravault, proposa, dans la séance du 21 juin, de modifier cet usage; « après avoir rappelé qu'il voit avec douleur que les enfans de l'âge de deux, de trois et de quatre ans sont envoyés dans la maison de la Salpêtrière le même jour de leur entrée... il se croit obligé de représenter au bureau que cette délibération du 22 février 1675, qui a pour objet, en envoyant ces enfants à l'hôpital général, d'empêcher les pères et mères de les envoyer à cet âge aux enfants trouvés et en décharger la maison, mérite l'attention du bureau pour les inconvénients qui résultent de son exécution; que ces enfants étant envoyés à cet âge dans la maison de la Salpêtrière et ne pouvant en soutenir l'air par la délicatesse de leur tempérament, ils y meurent presqu'aussitost qu'ils y sont reçeus, au lieu que s'ils étaient envoyés en sevrage dans les provinces jusqu'à l'âge de cinq à six ans, ils se fortifieroient et seroient en état à leur retour d'être envoyés dans les maisons de l'hôpital général et d'en soutenir l'air ; qu'en prenant ce party, cela pourroit augmenter le nombre des enfants et causer une augmentation à la dépense ordinaire chaque année pour leur nourriture et leur habillement pendant ce temps ; mais que leur conservation doit passer pardessus ces considérations ; que l'humanité le demande et que la religion l'exige...

« Le bureau, considérant les inconvénients qui résultent de l'exécution de la délibération du 22 février 1675 en envoyant les enfans exposés de l'âge de deux, de trois ou de quatre ans dans la maison de la Salpêtrière aussitôt leur réception dans celle des enfans trouvés, et la justice de procurer à ces enfans tous les secours nécessaires à leur conservation, a arrêté qu'à l'avenir les enfans exposés de l'âge de deux ans et jusqu'à quatre ans seront envoyez en sevrage jusqu'à l'âge de cinq à six ans dans les mêmes provinces où l'on envoyé les autres enfans, à moins qu'ils ne soyent attaqués de mauvaise maladie ; qu'ils seront confiés à des femmes de bonnes vie et mœurs ; que les mois de leur nourriture seront payés à raison de quatre livres dix sols, et qu'il leur sera fourni une robbe chaque année, suivant l'usage [1]. »

Cette délibération indique nettement, comme on le voit,

[1] Le bureau de l'hôpital général prit à ce sujet la délibération suivante, le lundi 19 juillet 1773; code, p. 360 :

« Le bureau a arrêté que les enfans au-dessous de cinq ans continueront d'être reçus aux Enfants-Trouvés, sur les procès-verbaux des commissaires ; et que, quant à ceux au-dessus de cinq ans, les commissaires indiqueront verbalement aux personnes qui les leur présenteront, de les conduire, savoir : les garçons à la Pitié, et les filles à la Salpêtrière ; lesquels garçons et filles y seront reçus par provision, par les économes et supérieurs des dites maisons, qui en feront leur rapport au bureau suivant, à la Pitié, où il sera procédé à la réception définitive de ceux qui sont dans le cas d'y être admis, et au renvoi de ceux qui n'ont pas lieu d'y prétendre. Et M. le lieutenant général

les catégories d'enfants reçues à la maison du Parvis Notre-Dame dont nous avons à nous occuper, et on procédait à leur égard de la manière suivante :

Aussitôt qu'un enfant est admis, dit le règlement du 18 octobre 1690, la sœur préposée à cet office « luy mettra le collier a l'instant et fermera dans le sachet qui y est attaché le procez-verbal du commissaire avant que de le porter dans la chambre des nourrices auxquelles elle aura soin de deffendre de changer les coliers; et lorsqu'on portera l'enfant sur les fonds du baptesme [1], monsieur le chapelain retirera le procez-verbal de chascun pour y escrire le nom a l'instant, sans déplacer, et le remettra ensuitte dans le sachet pour éviter confusion ; certifiant en même tems le baptesme de l'enfant sur le billet que l'on donne aux nourrices lequel sera retiré par la sœur qui doit estre présente au baptesme.

« Lorsque l'on baptisera les enfans, le comis qui réside en la Couche, se mettra dans l'œuvre a costé des fonds pour y escrire les billetz contenant le nom et l'age des enfans qu'il mettra à l'instant dans le sachet en la place des proces-verbaux, qu'il aura soin de retirer aveq le billet que l'on donne aux nourisses après que le baptesme y aura esté certifié par M. le chapelain; lequel petit billet il fera recoudre bien soigneusement dans les sachets, faisant bien comprendre

de police a été prié de donner ses ordres en conséquence aux commissaires du Châtelet.

Modèle de réception d'enfant à la Pitié, en l'année 1765 (pièce imprimée).

La Pitié. — La sœur supérieure de la Pitié y recevra comme bon pauvre âgé de fils de suivant son extrait baptistaire cy joint, de la paroisse de diocèse de en date du et dont la pauvreté est attestée par le certificat aussi cy joint *.

Fait à par nous, directeur et administrateur de l'hôpital général, le jour de mil sept cent soixante

[1] Voir, en ce qui concerne la chapelle de l'hôpital et ses transformations successives, les pièces publiées aux annexes.

* Le certificat d'indigence était délivré par le curé de la paroisse où habitait l'enfant.

aux nourisses qu'il ne les faut pas changer et pour la conservation de ces billets il seroit nécessaire de les escrire sur le parchemin en gros carractère; ledit commis résidant ayant retiré ces billets imprimez, il y écrira le nom de l'enfant [1], suivant qu'il aura esté certifié par monsieur le chapelain, comme aussy le nom de la nourrice qui en aura esté chargée, le nom de sa paroisse et de son diocèze et celuy de son mary. »

Il est dit qu'afin d'éviter toute substitution d'enfants, le procès-verbal était placé dans un sachet avant même de porter le pauvre petit être dans la chambre des nourrices. En effet, des nourrices dites sédentaires furent attachées dès l'origine à l'établissement, pour assurer l'allaitement immédiat des abandonnés en attendant l'arrivée des femmes de province.

En 1674 il y avait deux nourrices; on leur alloue comme supplément « une pinte de bière [2] ». En 1687 le nombre de ces femmes est porté à 4, en 1703 [3] à 5, et est augmenté de

[1] Voici comme exemple les noms donnés aux enfants lors des admissions de janvier 1673 :

Anne Gaubert, Christof Galleron, Jean Lange, Dominique Benoist, Marguerite Tournay, Charles Baltasar, Nicolas Belhomme, Françoise Misère, Marie Baltasar, Marie-Anne Gontaut, Claude Pillard, Etienne-Nicolas Granjan, François Monot, Pierre Nauvy, Charlotte Brier, Jean Doroy, Jacques-Guillaume Lebeau, Philippe Larencontre, Jacqueline-Marie Gaudin, Marie-Anne Desmars, Marie-Marguerite Vallet, Jeanne Goujons, Louys Dufour, Jeanne de Montmartre, Françoise Noyer, Françoise Mignard, Marie Mignon, Catherine Ménage, Jean Brisor, Magdelene Galier, Jean-Pierre Edme, Magdelene Gany, Catherine Lasnier, Sébastien Baron, Barbe Dumont, Charles Delaporte (abandonné sous la porte des Enfants-Trouvés), François Dumont.

[2] Délib. 4 avril 1674.

[3] Estat de la maison de la Couche, mercredy 23 may 1703.

83 enfans, dont 72 pour les convoys 4 à la mamelle, 7 pour la Couche	83
Ecclésiastiques	3
Portier	1
Garçon pour servir les ecclésiastiques	1
Sœurs	13
Nourrices pour la Couche	5
Nourrices des champs	22
	128

2 ou 3 dans la suite ; ce chiffre était encore insuffisant car, ainsi que le fait remarquer un administrateur le 30 mars 1756, « au temps de la moisson et de l'hiver, les nourices de la campagne ne venant pas fréquemment prendre des enfans, la maison se trouve chargée quelquefois de *180 enfans* à la mamelle, tandis qu'il n'y a que 7 à 8 nourices à gages pour les allaiter..... Ces nourrices n'ayant que *soixante-quinze* livres de gages par an, il seroit juste de leur accorder chaque année une petite récompense. »

Le bureau se range de suite à cet avis et, « considérant que la conservation des enfants trouvés confiés à ses soins est l'objet principal de leur établissement, et qu'yl est de l'honneur de la religion, du bien de l'État et de l'administration de le remplir exactement, arrête :

« 1° Qu'yl y aura à l'avenir dans la maison quinze à vingt nourrices à gages, y résidentes pour allaiter les enfants en attendant l'arrivée des nourices de la campagne, lesquelles nourrices à gages seront visitées par le chirurgien de la maison suivant l'usage.

« 2° Que le nombre de ces nourices pourra être augmenté à mesure que celuy des enfans augmentera, si celles qui seront dans la maison ne sont pas suffisantes.

« ..... 4° Pour engager ces nourrices a soigner les enfans avec toute l'exactitude et l'assiduité que demande leur service et reconnaître leurs bons soins auprès des enfans, le bureau arrête qu'yl sera donné a chacune d'elles, outre leurs gages ordinaires de 75 livres, une récompense de 15 livres par chaque année [1] et qu'elles seront noury de pain blanc. »

Cette organisation subsiste jusqu'en 1784 ; à cette époque on trouve qu'il est préférable de nourrir artificiellement les abandonnés durant leur séjour à Paris, pour éviter que les nourrices sédentaires donnent leur lait simultanément à plusieurs enfants, et on tente un essai dans ce sens. Déjà

[1] En 1783, on accorde 216l pour répartir entre 18 personnes à titre de gratification.

au XVIIe siècle (1677-1680) il avait été offert aux administrateurs d'élever les nourrissons avec certaines préparations[1]. Mais ces propositions n'eurent pas de suite. Elles furent reprises en 1784 et après quatre années d'expérience sur l'avis de l'Académie de médecine « approuvant les motifs qui déterminoient l'administration à supprimer les nourrices sédentaires, » le règlement du 28 mai 1788 [2] prescrivit ce qui suit :

« Art. 1er. Les enfans nouveaux-nés qui seront apportés a cet hôpital continueront d'être déposés dans la salle qui leur a été destinée jusqu'à présent. — Art. 2. Ils y seront tous traités par le médecin et le chirurgien ordinaires de la maison, suivant le régime raisonné et méthodique dont ces officiers ont récemment fait l'essai. — Art. 3. Des femmes ou filles de service résidentes ou passagères seront chargées de les alimenter, les remuer et les changer le jour et la nuit sous l'inspection des sœurs. — Art. 4. Le nombre de ces femmes sera proportionné à celui des enfans qui se trouveront dans la salle de la crèche, tellement que chacune ne soit chargée de plus de trois enfans. — Art. 5. *A l'avenir on n'emploiera plus* de nourrices *sédentaires dans l'hôpital pour allaiter les enfans en commun.* — Art. 6. Douze heures après l'arrivée des nourrices de la campagne, les enfants qui seront jugés en état d'être allaités seront confiés à leurs soins. — Art. 7. Chacune ne pourra allaiter d'autre enfant que celui qui lui aura été confié. — Art. 10. Ces nourrices, ainsi que les femmes qui seront appelées auprès des enfans, n'auront d'autres fonctions que de les soigner, et toute occupation capable de les en distraire leur sera absolument interdite. — Art. 12. La nourriture des nourrices et des autres femmes appliquées aux soins des enfans consistera en potage gras ou maigre, en viande, œufs ou légumes, selon les jours, et leur boisson sera du vin, de l'eau et de la bierre,

[1] Délib. 4 juillet 1680. Félibien, tome V, p. 226.

[2] Délib. 28 mai 1788. Voir aussi aux annexes n° VI, délib. de l'Académie de médecine, manuscrit provenant des collections de l'auteur.

le tout ainsi que les officiers de santé le trouveront convenable. — Art. 13. Les femmes à demeure seront seules gagées, et ce à raison de 120 livres par année... »

Les événements ne permirent pas de constater les résultats de ce mode d'allaitement artificiel condamné par l'expérience moderne.

§ 4. -- ENVOI DES ENFANTS EN PROVINCE : LES MENEURS ET MENEUSES.

La plus sérieuse des difficultés que rencontrèrent à toutes les époques les administrateurs de la maison de la Couche fut la pénurie des nourrices de province. L'hôpital payait peu, les chemins étaient difficiles, il fallait venir à Paris par les coches d'eau ou de mauvaises voitures; les froids de l'hiver et les travaux de la moisson retenaient souvent chez elles les femmes de la campagne; aussi dans plusieurs délibérations évalue-t-on à un tiers des enfans admis le chiffre de ceux qui meurent faute d'être pourvus assez promptement de nourrices[1].

Des intermédiaires s'offrirent pour faciliter ce recrute-

[1] Registre des séances du Bureau de l'hôpital général, 9 janvier 1704 (code, p. 339).

« Le Bureau, ayant été informé, tant par les sœurs de la Couche des Enfants-Trouvés que par MM. de l'Essart et de Paris, commissaires de cette maison, qu'à cause du dégel et de la mauvaise saison, les nourrices de la campagne n'osoient se mettre sur les chemins, cependant que mercredi dernier il s'etoit trouvé cinquante-sept enfans dans la maison de la Couche, et encore aujourd'hui cinquante qui souffroient beaucoup par le manquement des nourrices;

A délibéré que, pour secourir ces pauvres enfans, en pareille occasion, il sera cherché avec diligence des nourrices, dans la ville et fauxbourgs, qui puissent allaiter lesdits enfans, auxquelles sera payé ce qui sera jugé à propos par les dames qui ont la bonté et la charité d'en prendre soin. »

— Délib. de l'hôp. gén., 1er mars 1773 (code, p. 356).

« M.Josson a dit..... que la diminution des nourrices pour les enfans trouvés avoit causé la perte de 2650 enfans, qui étaient morts dans la maison en l'année 1772, sur 7676 qui y ont été reçus durant le cours de l'année dernière, ce qui fait près du tiers du nombre des enfans reçus... »

ment ; c'étaient ces meneurs et ces meneuses qui alimentaient déjà les bureaux des *recommandaresses* et procuraient des bonnes aux maisons parisiennes. Il fallut accepter leurs services ou voir la plupart des abandonnés périr sans secours ; et cependant ces agents laissèrent presque toujours beaucoup à désirer, pressurant les femmes qu'ils accompagnaient, trompant les administrateurs sur le chiffre des enfants à la pension, en un mot volant de toute part. Dans la séance du 24 août 1681, la *Belle Perrine*, meneuse, était convaincue d'avoir gardé l'argent des nourrices. Le 19 octobre suivant, il est arrêté « que la routte de Guaillon dont la *Guillaumette* est la meneuse et celle de Caïllouet (Calais ?) sous la conduitte de la *Belle Perrine*, seront changées, et les enfans qui se trouveront sur les dittes routtes seront transferez en d'autres routtes ».

Plus tard, le 27 septembre 1757, M. Ravault, un des directeurs, « dit que dans le voiage qu'yl vient de faire à sa terre de la Madeleine, près d'Evreux, il a examiné les plaintes rapportées au bureau contre X... meneur et sa femme, demeurant à Orgeville, diocèse d'Evreux, de la retenue qu'ils font aux nourrices tant de l'argent, que des habits et linge qu'on leur délivre au Bureau pour elles ; se servant de l'argent pour leurs affaires et ne le remettant aux nourices que plusieurs mois après qu'ils l'ont reçu au bureau ; de même que les habits et linge pour les enfans, en sorte que les nourices et les enfans souffrent de ce retardement, comme aussi de leur négligence à raporter au bureau les hardes et linge des enfans aussitost après leur déceds et leur extrait mortuaire. » M. Ravault ayant reconnu l'exactitude de ces faits, le sieur X. et sa femme sont révoqués, et on nomme à leur place Simon-Jacques Charpentier, de Vernon.

Les meneurs étaient donc un mal, mais un mal nécessaire, car, en raison des fonctions multiples dont on avait chargé ces agents, les administrateurs se trouvaient dans l'impossibilité de s'en passer. Ce n'est qu'en 1821, qu'à la suite de fraudes énormes, on accepta ce système si simple d'avoir des employés spéciaux domiciliés en province et placés chacun à la tête d'une circonscription.

La délibération prise par le bureau de l'hôpital général, dans la séance du 2 may 1713, tenue « en la maison de la Pitié [1], » résume parfaitement l'office de ces meneurs, qui auraient pu, avec du zèle et de l'intégrité, sauver la vie à des milliers d'enfants, au lieu de compromettre des intérêts aussi sacrés.

Les principes généraux posés par ce règlement subsistèrent, sauf quelques modifications de détail, pendant tout le XVIIIe siècle [2].

« Les meneurs, y est-il dit, doivent donner caution [3], pour estre receuz en cette qualité et faire élection de domicile à Paris [4].

[1] Voir délib. du Bureau de la Couche, 2e registre, f° 60, recto.

[2] Les principaux règlements ultérieurs concernant les meneurs sont du 24 septembre 1765 (code de l'hôp. gén., p. 348); 28 mars 1774 (code, p. 364).

[3] « Les cautionnements qui seront présentés par lesdits meneurs ne pourront être au-dessous de la somme de trois mille livres, pour ceux des meneurs dont le maniement en argent n'excéderoit pas la somme de douze mille livres annuellement; et pour les meneurs dont le maniement annuel en argent seroit plus considérable, le Bureau se réserve d'en fixer le montant, de manière toutefois que le cautionnement ne soit jamais au-dessous du quart de ce qui seroit confié au meneur, soit en argent, soit en effets. Règlement du 10 avril 1776, art. III (code, p. 376). » Voir aux annexes n° VII un exemple de cautionnement à fournir par les meneurs.

[4] « A l'avenir, il ne sera nommé aucun meneur de nourrices pour les enfants trouvés, qu'au préalable ils n'aient fait, conjointement et solidairement avec leurs femmes, s'ils sont mariés, leur soumission et obligation devant notaire à Paris, conformément à l'art. 30 du règlement du 28 mars 1774 ; lesdits meneurs sont tenus de déclarer, par le même acte, leurs biens et ceux de leurs femmes, ainsi que les hypothèques dont ils pourront être grevés. (Code, p. 376.) » Art. 30 du règl. du 28 mars 1774 : « Ceux qui voudront exercer la commission de meneur de nourrice des enfans-trouvés se présenteront au bureau de l'administration dudit hôpital avec un certificat de M. le curé de leur domicile, légalisé du juge royal, attestant leurs vie, mœurs et religion, suffisance et capacité, qu'ils savent lire et écrire et qu'ils sont capables de remplir cette commission avec exactitude et fidélité; donneront un état de leur bien, avec bonne et suffisante caution pour les sommes, hardes et linges qui leur seront remis pour les

« Ils ne doivent prendre que le sol pour livre de l'argent qu'ils portent aux nourices, pour les nourritures des enfants, et cinq sols pour le port de chacque vestures [1].

« Quand ils emportent les enfants que les nourices viennent prendre à la Couche, ils ne doivent retenir que trente-six sols pour le port de chaque enfant, sur le premier mois qui est payé d'avance [2].

« Lorsque les enfants sont en age d'estre ramenées à l'hôpi-

enfans et pour les nourrices, feront leur soumission devant notaires à Paris de se conformer au présent règlement, et feront élection de domicile à Paris. »

[1] Règlement du 24 sept. 1765, art. XVI. Règlement du 28 mars 1774, art. XLV-XLVI (mêmes dispositions). Règlement du 28 mai 1788. (Délib. 5e registre, f° 175 verso.) Droits attribués aux meneurs. Art. 1er : « Pour tenir lieu aux meneurs *du sol pour livre* qu'ils ont retenu jusqu'à présent sur les salaires des nourrices, il leur sera payé par l'hôpital le *vingtième* des sommes auxquelles se trouveront monter les bordereaux qui leur seront dressés pour les mois de nourrices qui écheront depuis le 1er juillet prochain. — Art. 2 : Ce même droit sera aussi ajouté par eux aux articles particuliers, qui seront payés immédiatement aux nourrices ou aux personnes qui se présenteront de leur part, excepté au premier mois qui doit être payé d'avance aux nourrices qui viendront elles-mêmes. »

[2] Règlement du 24 septembre 1765, art. XIV. « Les meneurs continueront de retenir sur le premier mois 40 sols pour le port de chaque enfant qu'ils conduiront avec les nourrices. Art. XV : A l'égard des enfans qui leur seront donnés pour les nourrir qui ne pourront s'en charger elles-mêmes à Paris, les meneurs retiendront 6 l. sur les 7 l. du premier mois pour les indemniser des frais des femmes qu'ils amènent avec eux, et de leur retour dans leur domicile, et les 20 sols de surplus seront par eux donnés à la nourrice à laquelle ils remettront l'enfant. »

Règlement 28 mars 1774, art. XLIV (même disposition).

Règlement du 28 mars 1788, section des meneurs, art. IV : « Il sera payé aux meneurs autres que ceux de la Champagne et de la Bourgogne 6 l. par tête de nourrices qu'ils amèneront en état d'allaiter et munies de certificats en bonne forme. Art. V : Mais il ne leur sera attribué, comme par le passé, que 40 sols par tête de femmes autres que les nourrices elles-mêmes, telles que celles qui lèveront des enfans sevrés, même des enfans nouveaux-nés, pour les élever au lait d'animaux, ou qui viendront de la part de nourrices absentes. Art. VI. Les meneurs de la Champagne et de la Bourgogne ne recevront que le même droit de 40 sols pour toute femme indistinctement, nourrice ou autre, attendu qu'ils n'ont d'autres frais à faire dans leurs voyages que ceux qui les regardent personnellement. »

tal, les nourices les remettent aux meneurs qui ne doivent prendre que trois livres pour la nouriture et port de chaque enfant pendant le voyage, et lorsque les nourices ramènent elles-mêmes les enfants à Paris, il n'est rien deub aux meneurs.

« Ils ne prendront aucunes bulles des nourices pour apporter à Paris et estre employées dans les bordereaux qui leur seront faits, qu'il n'y ait des certificats de vie ou de mort des enfants qui seront données par les curés des lieux, qui sont priez de les délivrer charitablement[1].

« Ils payeront les nourices en argent et non en bled, orge, ou autres d'enrées, le bureau n'aprouvant point ce commerce qui ne peut estre avantageux aux nourices.

« Ils apporteront chaque fois qu'ils viendront à Paris les bordereaux qui leur auront été faits le voyage précédent, afin qu'on puisse connaître s'ils ont payé les nourices; au bas desquels bordereaux ils mettront leurs certificats en ces termes : Je certifie avoir payé aux nourices des enfants mentionnées au présent bordereau ce qu'il y a de marqué pour chacune d'elles.

« Ils remettront les bordereaux certifiez par eux au bureau pour y avoir recours en cas de besoin, et s'il y avoit quelques articles sur les dits bordereaux qu'ils n'eussent

[1] Règlement du 24 septembre 1765, art. XXIX : « En cas de décès des enfans, dont avis doit leur être donné par les nourrices, ils rapporteront, à leur premier voyage à Paris, les hardes et linges desdits enfans, leurs extraits mortuaires, les bulles imprimées et les billets en parchemin, afin que les registres dudit hôpital puissent être déchargés; le tout à peine de restitution de la valeur desdits linges et hardes. »

Règlement du 28 mars 1774, art. XXIX : « Lesdits curés et desservans sont encore priés d'attester, aussi gratuitement, la vie ou le décès des enfans; et, dans le premier cas, de faire leurs certificats sur les bulles, dans la colonne destinée à cet objet; ce qu'ils pourront faire en peu de mots, à peu près en ces termes : « *l'enfant se porte bien,* ou *est malade* »... Quant aux certificats de mort, ils pourront les placer en tel endroit de la bulle qui leur plaira. »

L'hôpital ne devait pas délivrer aux parents d'actes de décès, mais seulement indiquer le lieu où l'enfant était mort. (Délib. 5 septembre 1711). Voir aux annexes n° VIII.

point payé après avoir fait toutes leurs diligences pour sçavoir a qui l'argent est deub, ils remettront les sommes non payées es mains de la sœur supérieure de la maison de la Couche, qui les en deschargera, et la dite sœur payera les personnes qui réclameront les dites sommes et a qui elles se trouvent dües suivant l'examin qui en sera fait sur les registres de la dite maison de la Couche et après en avoir rendu compte au bureau[1].

« S'ils sont obligés de changer les enfants qui ne se trouveront pas bien chez ces nourices auxquelles ils ont été confiés, ils auront soin de les mettre chez d'autres nourices et de marquer sur leurs bulles leurs noms, leurs demeures et la datte du jour qu'ils leur auront donné les enfants, et rapporteront le plustost que faire ce poura les dites bulles a Paris pour faire marquer ces changements sur celles du bureau et sur les registres ; ils n'exigeront rien pour ces sortes de changements [2].

« Tout ce que dessus sans préjudice de ce à quoy les dits

[1] Primitivement « le comis du Bureau » avait été chargé d'effectuer les paiements en province, mais on dut renoncer à ce système lorsque le service eut pris de l'extension.

Délib. 13 may et 19 août 1672, 8 avril 1676.

Dans la délibération du 11 décembre 1728, il est dit : « sur les avis donnés au Bureau, que les meneurs de nourices dont la fonction est de recevoir de la sœur supérieure de la maison de la Couche les deniers destinés pour le payement des nourices n'ont, jusqu'à présent, et depuis qu'ils sont employés, rendu aucun compte desdits deniers qui leur ont été remis entre les mains. La direction, pour remédier à l'abus que pourroient faire lesdits meneurs desdits deniers, soit en les détournant et ne les employant pas à l'usage destiné à cet effet ; a été d'avis que chacun desdits meneurs seroit tenu à l'avenir de rendre un compte exact des sommes qui leur seront remis..... »

Suivant les articles XXXVII et XXXVIII du règlement du 28 mars 1774, les meneurs devaient avoir deux sortes de registres, « attestés, paraphés par premier et dernier feuillet par l'un de MM. les administrateurs, » l'un pour y inscrire les enfans envoyés en nourrice et placés à la pension dans leur arrondissement; l'autre pour y inscrire les paiemens faits par eux aux nourrices et autres personnes. Le premier était appelé *registre des envois ;* le second, *registre des bordereaux.*

[2] Règlements : 24 septembre 1765, art. XXVII ; 28 mars 1774, art. XXXIV, dispositions analogues.

meneurs se sont obligés par l'acte de soumission qu'ils ont fait, comme d'amener le plus de nourices qu'ils pouront, de veiller sur celles de la campagne, de visitter les enfants de tems en tems pour voir s'ils sont bien et si les nourices en ont soin, de rapporter les certificats et les pacquets des enfants qui sont morts, au plus tard dans les deux mois après leur décès, et de ne garder aucune vêture chez eux après la mort des dits enfants pour les distribuer aux nourices, mais les rapporter toutes au bureau. »

« Ne pourront les meneurs, prendre ou exiger des nourrices autres droits que ceux qui leur sont accordés par le présent règlement, à peine de révocation de leur commission et d'être poursuivis pour la restitution de ce qu'ils auroient pris et reçu au delà. (Règlement de 1763, art. XXXIV.)

« On ne pourra différer les départs des enfans en nourrice, pour quelque cause et sous quelque prétexte que ce soit, quand il y en aura dans l'hôpital un nombre suffisant pour les nourrices présentes. En conséquence, lors qu'un meneur aura au bureau, ou ailleurs, des affaires qui le retiendront et qui l'empêcheront de partir le jour où ses nourrices pourront être pourvues d'enfans, alors, ou il laissera partir sa voiture, ou il cèdera son tour à un autre meneur [1]. » (Règlement de 1774, art. VII.)

[1] Règlement 24 septembre 1765.

« Art. XII : Chaque meneur sera tenu de chercher, amener et conduire audit hôpital le plus de nourrices qu'il en pourra trouver dans les paroisses et hameaux des environs du lieu de sa demeure, dont l'arrondissement ne pourra être de plus de quatre à cinq lieues, à quoi l'étendue de son département demeurera borné pour la commodité et le soulagement des nourrices.

« Art. XIII : Les meneurs viendront tous les quinze jours audit hôpital et y amèneront les nourrices qu'ils auront trouvées.

« Art. XXIV : Ils feront au moins tous les six mois la visite des enfans.

« Art. XXV : Pour faciliter aux meneurs le moyen de faire la visite des enfans et leur ôter tout prétexte de s'en dispenser, il leur sera donné au Bureau, toutes les fois qu'ils amèneront des nourrices, une feuille contenant les noms, surnoms et âges des enfans, les noms des nourrices, de leurs maris, et le lieu de leur demeure, pour ladite feuille être par eux transcrite sur un registre qu'ils tiendront à cet effet, ainsi que les meneurs des enfans des bourgeois. »

Lorsque les nourrices amenées par les meneurs n'étaient point suffisantes, il fallait recourir à l'envoi des enfants *par commission*, système déplorable sur les inconvénients duquel les administrateurs ne se faisaient aucune illusion. Voici ce qu'on lit à ce sujet dans la délibération du 11 décembre 1728 : « Sur les avis donnés au bureau qu'il y a quelques femmes *commissionnaires*, connues des meneurs et venant de leur part, et pareillement de la Sœur supérieure, dont les fonctions sont de venir chercher les enfans pour des nourices, qui ne veulent se séparer de leurs maisons, mais disposées à prendre des nourissons, a été arresté qu'il sera donné aux commissionnaires au plus deux enfants et que les enfans a elles confiés seront de sexe différent pour éviter la confusion et le changement qui se peut faire par rapport aux dits enfans. »

Les femmes venant chercher un enfant à la maison de la Couche pour l'allaiter pouvaient être également autorisées à en emmener un second *par commission*. (Même délibération.)

Cet usage, que l'augmentation considérable des abandons nécessitait, fut toujours l'objet des préoccupations des directeurs, et dans le dernier règlement du 28 mai 1788 [1] ils

[1] On lit dans le préambule de ce règlement : « Il reste encore des réformes à faire dans l'envoy des enfans à la campagne. La rareté des nourrices a introduit, depuis longtems, l'usage de confier aux meneurs des enfans *par commission* Cet envoi est sujet à trop d'abus et d'inconvéniens pour que l'administration ne s'occupe pas des moyens de le supprimer, ou du moins de le réduire à un plus petit nombre d'enfans. Ces abus et ces inconvéuients sont en très grand nombre ; on se contentera d'exposer ici les principaux. Les moyens que l'on proposera ont paru les plus propre à les prévenir : 1° cet usage n'est avantageux qu'aux meneurs, qui y trouvent un dédommagement des frais de leurs voyages. En effet, le premier mois des enfans envoyés de cette manière leur appartient en totalité ; il est fixé à 7 l. Calcul fait des enfans partis pendant les cinq dernières années ; il y en a eu 10,233 envoyés *par commission* et 9,100 seulement confiés à des nourrices pour être élevés à la mamelle, soit au lait d'animaux ; d'où il suit que les meneurs gagnent plus d'un côté que de l'autre, et que s'ils ne consultent que leur intérêt, ils n'amèneront pas en un seul voyage toutes les nourrices qu'ils auront trouvées, mais

décidèrent « qu'il ne seroit envoyé des enfans *par commission* que quand les nourrices et autres femmes présentes étant pourvues, il y auroit dans l'hôpital surabondance d'enfans en état de partir et que l'on ne prévoiroit pas pas l'arrivée prochaine de nouvelles nourices. » On donnait alors à la personne emportant l'enfant des aliments pour un jour, préparés suivant la formule adoptée, avec la recette indiquée par les officiers de santé. (Art. 24-26.)

En conformité du règlement de 1774 (art. VIII) : « Les enfans tout nouvellement nés étaient confiés de préférence *par commission ;* ces enfans n'ayant pas un besoin si pressant d'être allaités et étant par conséquent plus en état de pouvoir mieux se passer de nourices durant le voyage, que ceux qui ont déjà quelques jours. »

§ 5. — ENVOI DES ENFANTS EN PROVINCE. LES NOURRICES.

Les nourrices amenées par les meneurs et pour lesquelles étaient aménagés des locaux spéciaux dans la maison de la Couche devaient être munies d'un certificat de MM. les curés ou desservans des paroisses, ou à leur défaut des syndics et de deux principaux habitants, certifié véritable par le meneur du département de leur domicile, « attestant leurs vie, mœurs et religion ; qu'elles étaient en état d'élever l'enfant qui leur serait confié et l'âge de leur dernier enfant ou de leur dernier nourrisson ». Celles qui se présentaient à l'hôpital avec de faux certificats devaient être dénoncées à la justice.

Aucune nourrice ne pouvait se charger de plus d'un

seulement un nombre suffisant pour obtenir autant d'enfans *de commission* qu'ils l'espèrent. Un autre inconvénient du même usage contre lequel réclament à la fois et l'équité et la sécurité des enfans, c'est que les nourrices ou les femmes qui se chargent de nourrir les enfans envoyés *par commission* ne reçoivent aucuns salaires pour le premier mois. Il ne reste à ces femmes que l'espoir d'être dédommagées par les salaires des mois suivants ; mais cet espoir est si souvent trompé, que beaucoup de ces enfans courent le risque de n'être point acceptés..... »

enfant à allaiter [1]. En cas de décès du nourrisson, un nouveau certificat était nécessaire pour en obtenir un autre [2].

Aussitôt arrivés à Paris, ces femmes étaient visitées par le chirurgien et la sœur afin de s'assurer de la qualité de leur lait [3] ; si elles se trouvaient remplir les conditions voulues, on leur confiait un nourrisson.

Les enfants n'étaient pas placés en général dans la ville

[1] Modèle de ce certificat (code, p. 372).

Je soussigné * de la paroisse de diocèse de élection de gabelle de poste certifie que la nommée femme de est de la paroisse de ; qu'elle et son mari sont de la religion catholique, apostolique et romaine, et de bonnes mœurs ; qu'elle est en état d'allaiter l'enfant qu'on voudra bien lui confier au Bureau des enfants trouvés ; que l'âge de son lait est de mois ; qu'elle ** En foi de quoi j'ai signé

A ce 17

Voir règlement de 1765, art. I-IV ; de 1774, art. I-VI ; règlement de 1774, art. IX-XI. « Aucune nourrice ne pourra se charger de plus d'un enfant à allaiter ; il ne lui en sera accordé aucun autre sur le même lait, que celui qu'elle nourrit actuellement n'ait au moins six mois et ne soit en état d'être sevré. Aucune nourrice ne pourra garder à la fois un nourrisson de l'hôpital et un nourrisson bourgeois, quand même l'un des deux serait sevré ; mais elle sera obligée d'opter pour l'un ou pour l'autre. »

[2] Délib. 16 avril 1766 ;

« Sur l'avis donné au Bureau que les meneurs, sur le simple extrait mortuaire d'un enfant, délivraient à la même nourrice un second, un troisième et quelquesfois un quatrième enfant, sans auparavant s'être nstruit de la cause de mort des enfants ; qu'un tel abus était non seulement contraire à la religion et à l'humanité, mais encore au bien public, les nourrices pouvant être coupables de la mort de ce enfants ;

Il a été arrêté : que dans le cas du déceds des enfants chez les nourices qui en sont chargées, celles qui en demanderont d'autres seront tenues de représenter un nouveau certificat que le Bureau de l'administration prie MM. les curés de délivrer *gratis* et conçu en ces termes : « On peut confier un autre enfant à la nourice... »

[3] Voir, aux annexes n° IX, les délibérations relatives à cette visite des nourrices.

---

* Curé desservant ou syndic.

** N'a point de nourrisson, ou que l'âge du dernier nourrisson de l'hôpital qu'elle a chez elle est de mois et qu'il est en état d'être sevré.

ou faubourgs de Paris [1], de peur, dit une délibération du 18 janvier 1675, « que cette facilité ne puisse faire commettre plusieurs abus, les pauvres mères après avoir exposé leurs enfans se les faisant donner à nourrir ». On autorisait cependant des femmes de province venant se fixer dans la capitale à garder leur nourrisson [2].

Avant le départ des enfants on prenait des précautions spéciales pour éviter toute substitution ; nous avons déjà vu qu'on ne pouvait donner en commission que deux trouvés d'un sexe différent. En 1682, « il est arresté qu'il leur sera pendu un billet au col avec un cachet » [3].

De plus, on remettait à la nourrice une feuille imprimée nommée vulgairement *bulle* [4], dont on conservait un double du bureau. « Une longue expérience a prouvé, dit le règlement de 1774, art. XIII, l'utilité de ces feuilles eu égard aux renseignements qu'elles contiennent, et elles tiendront lieu de billets de renvoi vis-à-vis de MM. les

[1] En cas de pénurie de nourrices, on était quelquefois forcé d'en prendre dans la ville. Bureau de l'hôpital général, séance du 9 janvier 1704 (code, p. 339) citée plus haut.

[2] Délib. du 22 février 1675.

« Françoise Dupuy, femme de Guillaume Lalloys, nourrisse de Jeanne Ursule Dulong depuis environ un an, s'est présentée au Bureau et a dique son mari, estant obligé de quitter le bourg de Clermont, proche Lyancourt, à cause de leur pauvreté, et ne pouvant porter la charge de leur taxe à la taille, est venue demeurer dans cette ville et a pris logis à la rue Aux Mères (Aumaire?) à l'Agnus, proche Saint-Nicolas des Champs, et a demandé par grâce que l'on luy laissat son enfant à nourrir, ce qui luy a esté accordé ayant vu son nourrisson en très bon estat et l'enfant ayant mal aux dents, nonobstant l'ordre que nous avons donné aux sœurs de ne plus donner d'enfans ni à la ville ni aux fauxbourgs de Paris. »

[3] Délib. 22 novembre 1682.

[4] Copie d'une bulle. Les mots en caractères romains sont imprimés sur l'original.

Ce jourd'huy *trantième mars* 1640, nous avons baillé à nourrir *Joseph Decheunin* à *Marguerite*, femme de *Pierre Hallart* demeurant à *la Follye dict Goumet*, pour 100 sols par mois ; le premier avancé, elle sera payée des autres par M. en rapportant ce présent mémoire avec un certificat de M. le curé dudict lieu qui asseure de l'estat de l'enfant, et au cas que l'enfant vint à mourir, il sera enterré sans aucune cérémonie, et sera obligée ladite nourrisse d'apporter aussi un certificat du jour de son deceds avec les hardes dudict enfant. (Archives des Enfants-Assistés, liasse de mars 1640.)

curés, qui pourront se les faire représenter, soit pour connaître les enfans, soit pour attester leur existence ou leur décès. »

Aussi les nourrices étaient-elles tenues dans les huit jours de l'arrivée de l'enfant de présenter la *bulle* au curé qui y apposait son *visa.* En cas de perte, ces feuilles pouvaient être remplacées ; on avait seulement soin d'inscrire sur la nouvelle copie les paiements marqués sur la première [1].

Quant aux mois de nourrices, ils sont fixés à l'origine à 5 l. pour les 18 premiers mois, à 4 l. l'année suivante et à 3 l. pour les 18 autres mois de 2 ans 1/2 à 4 ans [2], ce qui donne un total de 192 l. et encore la pénurie de la caisse est telle qu'en 1676, 62,000 l. se trouvent dues de ce chef; on propose aux nourrices de les payer par termes de l'arriéré, ou d'accepter, pour être soldées comptant, un tarif réduit [3].

En 1694, il faut augmenter ces prix. « Le 5 may, la sœur Desmarest ayant mandé que les nourrices chez lesquelles l'on laisse les enfans après qu'ils sont sevrés ne veulent point se contenter des 3 l. par mois qu'on leur donne pendant le temps présent que le bled est fort cher, a esté arresté que l'on luy donnera pouvoir de leur augmenter de 10 sols, à 3 l. 10 s. ou jusques à 4 l. pendant les mois suivans jusques et y compris le mois d'aoust. » Ces palliatifs temporaires, renouvelés probablement souvent, ne suffisant pas, on doit en 1720 porter les pensions à 6 l. pendant la première année, 5 l. la deuxième, 4 l. 10 s. la troisième et 3 l. 10 s. jusqu'à cinq ans [4]. »

Les plaintes arrêtées un moment par cette élévation recommencent; le 10 février 1753 on entretient le bureau des réclamations des nourrices touchant « la modicité du prix des mois de nourriture durant les deux dernières an-

[1] Délib. 4 avril 1705.
[2] Délib. 26 décembre 1670.
[3] Délib. 13 décembre 1676.
[4] Délib. 11 décembre 1728.

nées des cinq que les enfans doivent rester en nourrice et en sevrage, eu égard à la cherté du pain et des autres vivres ; des menaces qu'elles font de rendre les enfants à l'âge de 3 ans,.... de l'état déplorable dans lequel on a trouvé un grand nombre d'enfants de 3 ans et au dessus, entre les mains de nourices dans la dernière misère, manquant de pain..... ».

L'affaire mise en délibération, les administrateurs décident qu'à commencer du 1er mars il sera payé aux nourriciers 4 l. 10 s. par mois pendant les deux dernières années, et à MM. les curés 20 sols pour frais d'inhumation au lieu de 10 sols[1]. Cette indemnité fut ensuite portée à 3 livres.

Le règlement de 1765 modifie ces prix; il est accordé (art. V, Code p. 348) de la naissance à un an accompli 7 livres; d'un an à deux, 5 livres, et au-dessus 4 livres 10 sols. En vertu des délibérations des 5 septembre 1764 et 10 mars 1773, le premier mois était payé 8 l. aux nourrices qui se présentaient elles-mêmes[2].

Ces nouveaux sacrifices ne suffisaient pas encore, M. Josson fait savoir au bureau de l'hôpital général le 1er mars 1773 (code p. 356) « que depuis près de deux ans le nombre des nourrices étoit considérablement diminué ; que cette diminution étoit telle que ceux des meneurs qui, dans les années précédentes, amenoient chaque voyage qu'ils faisoient à Paris, vingt à trente nourrices, n'en amenoient que sept à huit... Aussi, pour remédier à cette situation, la pension de la deuxième année est-elle portée à 6 livres, et accorde-t-on 5 livres par mois jusqu'à la sixième et la septième année que doit finir le temps du sevrage ».

De plus, le nombre des vêtements donnés aux enfants est augmenté successivement[3]. En 1774 il y a des vêtures pour les différents âges[4]. On veut faire mieux encore et

[1] 10 février 1753.

[2] Code de l'hôpital général, p. 365.

[3] Voir aux annexes n° X les délibérations relatives à ces vêtements, antérieurement au règlement de 1774.

[4] Règlement de 1774, art. XVII-XX. « Les vêtements des enfants consisteront, savoir :

exonérer les nourrices des frais multipliés qu'on laissait à leur charge et qui diminuaient dans une notable proportion leur salaire, déjà si peu élevé et payé d'une manière trop souvent irrégulière.

Dans la séance du 13 décembre 1676 il est constaté que si pendant les quatre premières années de la vie de l'enfant les nourrices recevaient 192 livres, « il falloit déduire 9 livres 12 s., à raison d'un sol par livre sur chacun de leurs payements, destiné pour les frais de justice et de commis comme aussy de récompense aux meneuses... plus 3 livres pour faux fraix ; en sorte que des 192 livres il ne leur en restoit que 179 livres 8 sols suivant le traicté fait avec elles depuis la fondation de l'hospital. »

En outre après décès des nourrissons, ces pauvres femmes étaient tenues, pour être payées, « de raporter au bureau de la Couche les hardes de l'enfant et le certifficat de sa mort[1]. » Ce n'est que dans le règlement de 1765

La layette, en une couverture de laine blanche, deux langes d'étoffe deux langes piqués, six couches, quatre bandes, quatre béguins, quatre tours-de-col, quatre chemises en brassières, une brassière d'étoffe blanche, quatre cornettes et un bonnet de laine.

La première robe en une piquure de corps recouverte de droguet brun avec un jupon pareil, une chemisette de revêche blanche, quatre chemises, quatre béguins, quatre mouchoirs, quatre tours-de-col deux paires de bas de laine blanche, et en outre deux couches et deux langes.

La seconde robe en une piquure recouverte comme ci-dessus, et un double jupon dont celui de dessous sera de tirtaine, deux chemises, deux béguins, deux mouchoirs de col, deux cornettes, un bonnet et deux paires de bas de laine.

La troisième et la quatrième seront composées comme la seconde.

La cinquième robe et les suivantes consisteront en une robe de chambre de droguet brun, comme les autres robes, une chemisette de revêche blanche, deux chemises, deux béguins, deux mouchoirs, un bonnet et une paire de bas de laine.

[1] Séance du 19 décembre 1691.

« A esté arresté que les nourrices des enfans qui meurent seront payez au Bureau de la Couche en raportant les hardes de l'enfant et le certifficat de sa mort; et les personnes charitables qui dans les provinces en font le payement seront priez de ne les point payer et d'envoyer lesdites nourrices au Bureau pour raporter lesdites hardes et recevoir leur payement. »

(art. XXIX) que l'on voit les meneurs chargés de rapporter ces effets. Enfin les nourrices devaient à ces mêmes meneurs, cinq sols lors de la remise de chaque vêture [1].

Telles étaient les charges ordinaires, sans compter l'imprévu ; elles apportaient un sérieux obstacle au recrutement, aussi le 2 mai 1765 (Code p. 372) est-il décidé premièrement que les 40 sols donnés aux meneurs par les nourrices pour le port des enfants seront supportés par la maison; en second lieu, que « pendant les mois de juillet et août de chaque année, tems ordinaire de la moisson, et pendant les mois de décembre, janvier, février... il sera payé quarante sols à chacune des nourrices à laquelle il sera à donné à nourrir et élever un enfant. »

Enfin le 28 mai 1788 le bureau adopte les résolutions suivantes :

I. Exemption définitive du sol pour livre payé aux meneurs.

II. Allocation d'une gratification de 6 livres à toute femme dont le nourrisson sera parvenu à l'âge de 3 mois révolus, « soit au moyen de l'allaitement, soit par tout autre régime ; et encore pareille gratification lorsque le même nourrisson sera, parvenu au neuviéme mois, pourvu toutefois qu'il ait été levé dans le cours du premier mois de sa naissance pour les deux gratifications ou dans le cours du cinquième mois pour la seconde. »

III. Allocation d'un supplément de 4 l. au premier mois en faveur des nourrices de la Champagne et de la Bourgogne, « à cause des frais extraordinaires auxquels elles sont assujetties en voyageant par les coches d'eau [2]. »

[1] Règlement de 1765, article XXXIII.

[2] Tarif de ces coches, d'après le *Journal d'un citoyen*, in-8°, 1754, p. 436 :

De Paris	à Melun	2l 1s
—	à Montargis	5l
—	à Montereau	3l 9s
—	à Sens	4l 11s
—	à Auxerre	6l 17s

Ce tarif était taxé en général sur le pied de 3s 5d par lieue.

Cette délibération termine la série des dispositions relatives aux mois de nourrices et au placement des enfants nouveau-nés.

§ 6. — LA VISITE DES ENFANTS EN PROVINCE.

Dès l'origine il fallut procéder à la visite des pupilles dans leurs placements[1] ; les sœurs de la maison de la Couche sont d'abord chargées de ce soin, et les dépenses de leurs tournées s'élèvent à des chiffres minimes; le procès-verbal du 30 juillet 1670, reproduit aux annexes (n° XI)[2], prouve l'efficacité de cette mesure. Il convient de remarquer que, comme il s'agit de rapports avec les diverses autorités des provinces, les commissions sont données, non par le Bureaux des enfants trouvés, mais par les administrateurs de l'hôpital général[3].

Il est enjoint aux sœurs[4] de se faire représenter les enfants, de retirer ceux mal placés, en recourant, si cela est nécessaire à l'aide « de messieurs les juges et autres officiers de justice et de police des lieux. »

L'art. XLIX du règlement de 1774 confirme ces dispositions, en spécifiant qu'il se fera tous les ans des tournées par les sœurs de la charité, ou autres personnes commises par le bureau d'administration, accompagnées par les meneurs, qui se trouveront défrayés entièrement de leur nourriture et du louage des chevaux pendant toute la durée de l'inspection. « Les sœurs, en arrivant dans une paroisse continue ce règlement, se transporteront d'abord chez M. le curé ou desservant, afin de recevoir ses avis ou les plaintes qu'on auroit à faire concernant les nourrices et le meneur, dont elles tiendront note. Elles profiteront de cette occasion pour prier MM. les curés, de la part de l'administration,

[1] Séances 6 août 1671, 6 septembre 1690.

[2] Voir aux annexes, sous ce même numéro, les différentes pièces relatives à ces visites.

[3] Délib. du bureau de l'hôp. gén. 21 juillet 1703 (code, p. 338).

[4] En 1693, le nombre des enfants augmentant, on adjoint aux sœurs des femmes veuves auxquelles on donne la rétribution modique de 40' par an. Annexe n° XI, pièces 2 et 3. Délib. des 5 avril 1682 et 13 mai 1693.

de vouloir bien étendre leurs soins charitables sur les enfants trouvés qui, étant abandonnés par leurs auteurs, n'en sont que plus dignes de la protection de l'Etat et de l'assistance de tous ses sujets. »

« Art. LI. L'inspection d'un meneur achevée, les sœurs renverront au bureau les rôles émargés de leurs observations.... »

Plus tard, le chiffre des abandons devint si considérable que, suivant les termes de la délibération du 7 juin 1773 (code p. 358), on ne pouvait espérer avoir des sœurs en nombre suffisant pour les tournées. Les administrateurs de l'hôpital général firent alors appel aux inspecteurs préposés pour la surveillance des nourrissons, enfants des bourgeois de Paris, « qui pouvoient, sans déranger leurs marches, visiter en même temps les enfants trouvés, qui sont, pour la plupart, ou dans les mêmes paroisses de la campagne que les enfants bourgeois, ou du moins dans les paroisses voisines. »

Le règlement du 7 juin 1773, homologué par le parlement, arrêta leurs attributions conformément aux usages adoptés jusqu'alors.

Le concours des inspecteurs fut cependant fort restreint et de peu de durée, ainsi que le constate la délibération du bureau de l'hôpital général, en date du 31 janvier 1774 (code p. 363), où il est dit « que les quatre inspecteurs, dans l'espace de quatre mois, n'avaient visité que 2,305 enfants trouvés, tant de ceux en nourrice que de ceux placés chez les laboureurs, ce qui faisait douter de la possibilité de compléter une visite générale à moins de quatre années, eu égard au nombre de dix mille et plus d'enfants trouvés actuellement existans.

« Que la dépense occasionnée par ce petit nombre d'enfans montoit à une somme de 3,169 livres, savoir 2,305 livres pour 2,305 enfants visités, 564 livres pour la formation des registres et 300 livres pour le paiement de deux commis surnuméraires, ce qui démontre qu'il faudroit au moins 12,000 livres pour faire une visite générale...

« Qu'on croit donc devoir proposer au bureau de se contenter de l'essai qui vient d'être fait de la nouvelle inspection, qui, sans rien diminuer du travail ordinaire des commis et des meneurs, l'a augmenté d'une foule d'opérations superflues et qui contrariait à chaque instant l'ordre des opérations journalières, en y apportant un retard considérable ; et de suivre pour les visites l'ancienne forme qui, au moyen de quelques légers changements, sera moins dispendieuse et remplira les vues de l'administration.

« Que les sœurs chargées ci-devant de ce travail s'offrent à le reprendre à des conditions désintéressées ; qu'elles demandent qu'il leur soit alloué seulement leur dépense qu'elles évaluent en se procurant plus de commodités, qu'elles ne faisoient avant, à 2,400 livres seulement pour chaque visite générale ; ce qui fait le quart tout au plus de ce qu'il en couteroit pour l'inspection nouvelle, sans compter les frais de régie qui n'auroient plus lieu ; qu'on pense que les visites regardant principalement les nourrices et les enfans, semblent devoir être plus particulièrement du ressort des personnes du sexe ; que les sœurs par leur état dans l'hôpital ont une autorité immédiate sur les nourrices ; que par là elles sont dans le cas d'être plus respectées et mieux obéies ; qu'enfin l'administration est sûre de trouver en elles des personnes qui, n'ayant point d'intérêts à concilier, mais uniquement dévouées au bien de la chose, seront plus propres que d'autres à la seconder dans ses vues. »

Le règlement du 28 mars 1774 fut établi sur ces bases ; rien ne peut en effet remplacer le désintéressement fondé sur l'esprit de sacrifice et l'amour de ceux qui souffrent.

CHAPITRE III

HISTOIRE DE LA MAISON DE LA COUCHE A PARIS

MISE EN PLACEMENT ET EN APPRENTISSAGE DES ENFANTS-TROUVÉS.

Lors de la constitution de la maison de la Couche, il était établi que les « nourrises reporteroient les enfants apres trois années de l'aage des enfans [1], a peyne de perdre la rétribution des mois qui excederoient ledit aage ». On ne faisait d'exception que pour la saison d'hiver, décembre, janvier et février, les nourrissons ne devant être ramenés « que par un tems plus doux ».

En 1696 cette date de retour fut fixée à cinq années, afin d'encourager les nourrices et de laisser les enfants se fortifier à la campagne [2], devenant aussi plus capables « de soutenir l'air des maisons de l'hôpital général » [3].

[1] Délib. 9 mars 1688. 10 oct. 1670.

« Catherine Cochon est venue demander 114 liv. pour reste de la pansion de quatre enfans, à laquelle a esté ordonné payement de 90 liv. seulement, attendu quelle a gardé un enfant 15 mois au delà du temps que lon luy avoit escrit de rapporter ledit enfant après les 42 mois du temps que les enfants sont au laict et en pansion à la campagne.

Il a esté proposé de ne rien payer pour les pensions des enfans que l'on aura ainsi retenus, si messieurs ne l'ordonnent, attendu que les enfans despensent bien moins à l'hospital et que les sœurs demeurantes à la Couche n'en sont payés que 20 liv. par an pour chacun. »

[2] Délib. du Bureau de l'Hospital général 8 may 1696.

[3] Délib. 21 juin 1757.

En effet la maison du faubourg Saint-Antoine destinée à ces élèves ne tarda pas à se trouver insuffisante, et il fallut recourir rapidement à la Pitié et à la Salpétrière [1].

Cette situation se modifia insensiblement ; d'abord, les ressources ne croissant pas proportionnellement aux charges, on dut laisser dans les provinces un grand nombre d'enfants, les maisons que nous venons de citer ne pouvant les contenir et le prix de journée augmentant à Paris ; on paya donc des pensions « jusqu'à ce qu'il y eût des lits vacants ». L'année 1760, « sur les 7000 abandonnés, dont l'hôpital était chargé en nourrice, il y en avait près de 1,200 au dessus de l'âge de cinq ans [2] ».

D'un autre côté, après les années désastreuses de la fin du règne de Louis XIV, le besoin de cultivateurs se faisait sentir ; en outre, au fur et à mesure que le service se développait et que les nourrissons restaient plus longtemps dans les familles, il se rencontra tout naturellement des cœurs dévoués disposés à leur faire une place au foyer domestique. On reconnut donc en 1761 la nécessité de changer le système existant et de ne pas ramener les enfants dans la Capitale.

Ce règlement nouveau fut soumis à une commission établie pour aviser aux moyens de soulager l'hôpital général et de diminuer ses charges tout en procurant la conservation des enfants trouvés.

« La commission a observé, dit le rapporteur, que ces enfants passant les premières années de leur enfance dans les campagnes ne connaissent d'autre patrie que les lieux où ils ont été élevés, que c'est les expatrier que de les en retirer à l'âge de cinq à six ans. Que l'expérience prouve que le changement d'air en fait périr un grand nombre ;... que le moyen le plus certain de procurer leur conservation et de les rendre utiles à la patrie, c'est de les laisser dans les lieux où ils sont élevés dès leur naissance et de destiner les garçons, soit au labourage, soit à des métiers, ou à de-

[1] Délib. de l'hôp. gén. (code, p. 353). Séance du 14 décembre 1772.
[2] Délib. 23 décembre 1760.

venir soldats, et d'employer les filles à des ouvrages convenables à leur sexe; que la destination proposée pour les garçons est d'autant plus nécessaire que les campagnes sont désertes et la plupart des terres incultes, faute de cultivateurs ; que le feu roi Louis XIV en fondant l'hôpital des enfants trouvés les destinoit à être soldats, à servir dans les troupes, et à former des ouvriers et des habitants des colonies, et qu'en adoptant l'avis de la commission ce sera se conformer aux vues du fondateur. »

A la suite de ce rapport, le règlement du 7 janvier 1761 ut arrêté. Il accordait (art. 3) à ceux qui se chargeroient de l'éducation des élèves depuis l'âge de six ans, la somme de 40 livres par an pour chaque garçon jusqu'à douze ans, et 30 livres depuis douze ans jusqu'à quatorze ans accomplis. On payait pour les filles 40 livres par an jusqu'à seize ans. « Etant à présumer, dit ce règlement, que les garçons parvenus à quatorze ans et les filles à seize seront alors en état d'être utiles à ceux qui s'en chargeront. » Ils devaient rester chez leurs patrons, « bourgeois, laboureurs, marchands, artisans et autres, » tant qu'ils n'avaient pas vingt-cinq ans.

En vue de favoriser ces placements, le roi décida que tout chef de famille conservant un enfant trouvé mâle aurait la liberté de le présenter pour le tirage de la milice au lieu et place de celui de ses enfants propres, frères ou neveux vivants dans sa maison ou à sa charge, qu'il voudrait faire aussi exonérer [1].

La caisse de la maison de la Couche faisait l'avance des pensions remboursées par l'hôpital général, conformément à ce principe que *la Couche* n'avait la charge que des nouveau-nés.

Il était payé également par les enfants trouvés, *sans recours sur l'hôpital général*, la somme de *trente livres* pour chaque enfant lorsqu'il faisait sa première communion.

Les personnes se présentant pour se charger d'un ou

[1] Voir aux annexes, n° XII, le texte des décisions royales et des lettres de M. le duc de Choiseul relatives à ces exemptions.

plusieurs enfants s'adressaient au bureau, « en justifiant par le certificat de M. leur curé, duement légalisé, de leurs bonnes vie et mœurs, et qu'ils étaient en état de loger, nourrir et entretenir lesdits enfants, de leur apprendre ou faire apprendre un métier ou de les occuper à des ouvrages de campagne, convenables à leur sexe, et de leur donner une bonne éducation. »

Les meneurs servaient fréquemment d'intermédiaires pour ces placements et recevaient « six deniers pour livre » des sommes que leur remettait l'établissement à charge de les verser entre les mains des patrons [1].

Cette organisation, excellente en elle-même, avait un vice capital, la durée du temps de service imposé aux enfants. L'expérience de 11 années fit constater en 1772 qu'il n'était pas possible de les retenir jusqu'à vingt-cinq ans, sans leur donner d'autres gages que leur entretien; « surtout des garçons auxquels l'amour de la liberté et l'envie de gagner de l'argent, faisoient bientôt oublier leur engagement avec ceux à qui ils étoient donnés, et les portoient à les quitter une fois arrivés à l'âge de seize à dix-huit ans [2]. »

On arrêta donc : 1° que l'engagement des enfants serait borné à vingt ans accomplis; passé ce temps, ils devaient être gagés « suivant l'usage du pays », tout en restant sous l'autorité du bureau jusqu'à vingt-cinq ans; 2° que la pension des garçons comme celle des filles serait de 40 livres par année.

Ce système si simple, si favorable à l'avenir des pauvres abandonnés, qui leur donne la possibilité de trouver une nouvelle famille d'adoption dans les villages où ils ont grandi, était donc définitivement créé, et dès l'année 1790 le comité de mendicité de l'Assemblée nationale en constata les heureux résultats [3]. « Presque tous ces enfants, dit La Ro-

[1] Règlement du 24 septembre 1765, art. XVII.

[2] Délib. 3 août 1772 (code, p. 351). Il n'y avait alors que 645 garçons et 966 filles placés dans la campagne.

[3] Rapport fait au nom du comité de mendicité par M. de la Rochefoucauld-Liancourt; in-8°, Paris 1790, p. 24.

chefoucauld-Liancourt, conservés par les nourrices par de là le premier terme fixé, sont gardés dans leur maison jusqu'à ce qu'ils se marient, y sont traités comme les propres enfans; le plus grand nombre tourne bien et ils deviennent de bons habitants des campagnes. »

2. — LA MISE EN APPRENTISSAGE DES ENFANTS RAMENÉS A PARIS.

Nous venons de voir avec quelle lenteur les administrateurs s'étaient décidés à laisser les enfants trouvés en province; il avait fallu plus de cent trente ans pour consacrer ce principe et encore d'une manière incomplète. L'objectif principal que l'on poursuivait, surtout à l'origine, était en effet de constituer avec ces enfants des recrues pour la population ouvrière des cités. « Les filles, dit M. Ravault dans la séance du 28 avril 1761, peuvent être très utiles, non seulement dans les campagnes pour les ouvrages des champs convenables à leur sexe, mais même dans les villes et bourgs où il y a des manufactures. »

Il est donc intéressant d'étudier ce qui fut fait en vue de cette destination spéciale touchant l'éducation professionnelle des enfants ramenés à Paris, et admis notamment à l'établissement du faubourg Saint-Antoine, considéré comme « un entrepôt destiné à recevoir et loger un certain nombre d'enfants à leur retour de nourrice et de sevrage, pour les accoutumer à l'air de Paris et les envoyer ensuite dans les maisons de l'hôpital général [1]. »

Cet asile, agrandi grâce aux libéralités de madame d'Aligre et d'autres bienfaiteurs, fut supprimé momentanément en 1689 pour des raisons qui ne sont pas mentionnées aux procès-verbaux parvenus jusqu'à nous, probablement à cause du manque de ressources; le 11 octobre, « les enfants qui y estoient, ont été transférés, scavoir les garçons à la Salpestrière au nombre de 95, et les filles à la Pitié au

[1] Séance du 29 juillet 1760.

nombre de 7. Il est resté en ladite maison vingt personnes qui aydent à demennager et qui seront incessamment congédiées [1] ».

Le 29 novembre, on constate que la sœur de la Fresnaye « a, suivant l'ordre du bureau, fait délivrer à la sœur supérieure de la Salpestrière tous les meubles et ustensiles, » et le jardin est « donné en loyer à Charles Souves et sa femme, et à la veufve Mignan sa sœur, lesquels se sont obligez solidairement à fournir de légumes la maison de la Couche, celle des Enfants-Rouges, et celle du Saint-Esprit [2] ».

Une lacune existant dans les registres, ne permet pas de fixer la date précise à laquelle cet établissement reprit sa première destination; il en est fait de nouveau mention en l'année 1703, ou le 16 mai il renferme « 73 enfants masles et 30 filles [3]. » Plus tard, grâce aux dons généreux, dont il a été question précédemment, l'asile agrandi put contenir, durant toute la seconde moitié du XVIIIe siècle, de 800 à 900 personnes [4].

Le but que se proposaient les administrateurs lorsque la maison eut reçu un pareil développement était de donner à ces enfants une bonne instruction et de les placer ensuite en apprentissage; malheureusement ces intentions très louables ne furent atteintes que fort incomplètement.

En l'année 1677 l'ecclésiastique, servant de chapelain, faisait l'école tous les jours « depuis sept heures et demye du matin jusques à dix, et depuis deux heures de relevée jusques à cinq heures du soir. » Les enfants allaient alternativement aux convois et à l'école [5], on leur enseignait

[1] Séance du 18 oct. 1689. Il paraît y avoir ici une erreur de rédaction; car les filles étaient à la Salpétrière et les garçons à la Pitié.

[2] Délib. 16 mars 1691.

[3] On y plaçait alors de préférence les enfans ramenés infirmes de la campagne « pour y demeurer tant qu'ils étaient convalescens », et une fois rétablis les envoyer à l'hôpital général.

[4] Séance du 29 juillet 1760. Existants : 2 ecclésiastiques; 20 sœurs; 2 maîtres d'école; 1 sacristain; 1 maître de dortoir; 15 domestiques; total 41, sans compter le médecin et le chirurgien. — Garçons, 417; filles, 341; total 799.

[5] Délib. 3 avril 1677.

également la « *notte* en plein chant [1] ». Le chapelain recevait le logement, 200 livres, 17 livres pour son blanchissage, et « la moitié du provenant des convoys, et si cette moitié ne produisait pas 100 livres, le bureau complétait la somme. » En 1683 le chapelain avait 300 livres[2].

Quarante ans plus tard, c'est encore un prêtre, « messire Daniel, du diocèse de Beauvais, » qui est chargé de l'école[3]. En 1729, l'un des administrateurs, M. Nègre, représente « qu'un des objets importans de l'administration étoit que non seulement les enfants fussent instruits et élevés chrétiennement, mais encore qu'ils reçussent, autant qu'il seroit possible, de bons principes dans la lecture et l'art de l'écriture, suivant les bonnes dispositions qui se trouveront en eux ; que cependant il avait été informé que depuis plusieurs années les enfants qui vont aux écoles ne reçoivent aucun principe de l'art de l'écriture, le maître ayant été supprimé et non remplacé, les ecclésiastiques enseignant seulement la lecture. » Il est aussitôt arrêté qu'on fera choix d'un maître écrivain [4]. Un maître pour enseigner l'aritmétique apparaît en 1747 [5]. Le nombre des enfans augmentant avec les constructions nouvelles, les ecclésiastiques ne suffisaient plus en effet à l'enseignement, et il avait été fait choix de maîtres résidants; mais le chiffre de ces maîtres, étant trop restreint, l'instruction laissait beaucoup à désirer. Le bureau s'étant transporté dans les classes, le 4 août 1761, [6] après avoir fait lire plusieurs enfans et examiné leurs cahiers d'écriture, constata avec douleur que le plus grand nombre était peu avancé tant dans la lecture que dans l'écriture ; « ce défaut de progrès de la part des enfants, dit M. Ravault, peut venir de ce que chacun de ces maîtres est chargé d'un trop

[1] Délib. 2 may 1677 ; délib. 3 août 1688.

[2] Délib. 4 avril 1683.

[3] Délib. 10 may 1727.

[4] Délib. 9 février 1729.

[5] Délib. 11 décembre 1747. Le premier maître d'école et de plain-chant recevait 400 l. par an. Délib. 10 may 1756.

[6] Délib. 26 août 1761.

grand nombre d'enfants et qu'il n'est point possible, durant les deux heures d'école qu'ils emploient le matin et autant l'après-midi, qu'ils les fassent répéter les uns après les autres, le premier en ayant 84 dans sa classe, le second 180 et le troisième 160, ce qui fait au total 424 garçons. »

On arrête donc qu'à l'avenir il y aura pour les garçons cinq classes, en suivant l'âge des élèves [1], les filles continuant à être instruites par les sœurs.

Des dispositions analogues étaient prises en vue de favoriser l'instruction des Enfants-Rouges, avant leur suppression, et des 60 *enfants-trouvés* maintenus à la maison de la Couche pour les quêtes et convois [2].

Dans cette dernière maison un maître résidant fut entièrement chargé de leur direction, à l'exception des *petits bonnets* [3] placés sous l'autorité immédiate des sœurs.

[1] « La première classe sera composée de 84 enfans depuis l'âge de 6 ans jusqu'à 8 ; et a chargé le nommé Guillou pour leur apprendre leurs prières, l'alphabet, et leur répéter le catéchisme ; sans autres appointements que sa nourriture, son logement et son entretien.

La seconde sera composée de 90 enfans depuis l'âge de 8 ans jusqu'à 10, et le Bureau a nommé pour cette écolle le sieur Piat, pour leur apprendre à lire et leur répéter le catéchisme, et lui a accordé 300 livres d'appointements.

La troisième sera composée du même nombre de 90 enfans, de l'âge de 8 à 10 ans; a nommé pour cette écolle le sieur Boulanger, pour faire les mêmes exercices que ceux de l'écolle du sieur Piat, et a accordé audit sieur Boulanger 300 livres d'appointements.

La quatrième sera composée de 80 enfans depuis l'âge de 10 ans jusqu'à 12; a nommé pour cette écolle le sieur Dumesnil pour leur aprendre à lire, à écrire, l'arithmétique et leur répéter le catéchisme, et lui a accordé 300 livres d'appointements.

La cinquième sera composée du même nombre de 80 enfans depuis l'âge de 12 ans jusqu'à 15 et au-dessus; a nommé pour cette écolle le sieur Gallet pour leur apprendre à lire, à écrire, l'arithmétique, le plein-chaut et leur répéter le catéchisme ; le Bureau lui a accordé 400 livres d'appointements pour chacune année. »

[2] Voir notamment délibération 17 décembre 1788.

[3] « Indépendamment des 41 enfans de chœur, il y a les *petits bonnets* qui sont destinés pendant leur enfance à être en spectacle dans la cathédrale, suivant un usage ancien et approuvé du chapitre ; cette sujétion est très pénible pour des enfans de leur âge, surtout en hiver ; ils ne peuvent la supporter qu'autant que leur assiduité est courte et peu fréquente. On croit en conséquence que le nombre des

Un fait intéressant à signaler au point de vue de l'enseignement, c'est que, par une délibération du 18 mars 1785, le bureau d'administration de l'*Ecole royale gratuite de dessin* [1] décida la création d'une succursale dans le voisinage de l'hôpital du faubourg Saint-Antoine, « tant pour l'instruction des ouvriers de ce faubourg que des enfans trouvés [2]. »

Les administrateurs se préoccupèrent donc constamment de l'instruction, et, avec les ressources restreintes dont ils disposaient, firent au moins le possible ; mais, en ce qui concerne l'organisation du travail professionnel, ils échouèrent complètement. A Saint-Antoine, comme aux Enfants-Rouges, ils ne surent jamais employer leurs pupilles à autre chose « qu'à tricotter des bas et des bonnets pour leur entretien et pour celui des enfans en sevrage [3], » travail qui ne convenait en rien à des garçons de 12 à 16 ans; aussi en 1767 fut-il décidé que ceux âgés de moins de 10 à 12 ans seraient seuls astreints à cette occupation, et les autres employés « au jardin et au marais de la maison pendant

enfans de chœur ne pourrait être réduit à moins de 28 et celui des petits bonnets à 18. » La Rochefoucauld dit, *ut suprà*, p. 27, que ces enfans « destinés aux quêtes publiques dans certains jours de l'année étaient choisis parmi les plus jolis des deux sexes. »

[1] Délib. 20 décembre 1786, 28 février 1787.

[2] Cette école de dessin, établie par lettres patentes, en 1766, et devenue trop petite en raison du nombre des élèves, se tenait dans la maison de l'ancien amphithéâtre de Saint-Côme, rue des Cordeliers. Les enfans trouvés *mâles* pouvaient être admis dans la succursale dès l'âge de 7 ans ; une classe spéciale était faite pour eux. On avait organisé en outre, dans l'intérieur de l'établissement, une classe spéciale pour les filles.

[3] Délib. 9 avril 1767.

Les enfants de chœur faisaient du *tricot.* On lit à ce sujet dans la délibération du 17 décembre 1788 : « Les sœurs qui entendent parfaitement l'économie, et que le mouvement et la dissipation inquiètent, ont imaginé, pour tirer parti de ces enfants au profit de la maison et pour pouvoir les contenir plus facilement, de les occuper à tricoter dans l'intervalle des leçons; industrie louable sans doute par son motif, mais on peut dire peu éclairée: 1° parce qu'une telle occupation s'oppose au développement dont la jeunesse a un besoin si urgent; 2° parce qu'elle ôte à ces enfans un temps qu'ils pourraient employer plus utilement, soit à l'avantage de l'âme, soit à celui du corps. »

huit jours alternativement, en choisissant toujours les plus grands dans le nombre de ceux qui se trouveraient assez robustes pour cet ouvrage ». Dans la pratique ils restaient beaucoup trop oisifs. « Au faubourg Saint-Antoine, écrit La Rochefoucauld, les petits garçons ne sont occupés à aucun travail, par les mêmes raisons de défaut de débouchés, de danger pour la santé ; par des raisons enfin puériles et qui ne peuvent être admises par la plus légère réflexion. Le travail des petites filles est un peu plus suivi et fait même partie du revenu de l'établissement [1]. »

On tolérait également dans cet asile le séjour des filles âgées de 18 à 23 ans qui n'avaient pu se maintenir dans leurs placements, et le bureau dut prendre le 25 octobre 1752 une délibération pour remédier à cet abus ; « attendu, y est-il dit, que s'yl est juste que les filles qui ont été élevées dans la maison y doivent leur service, il est raisonnable de ne pas attendre à les placer à un âge aussi avancé où on a plus de peine à les placer avantageusement étant encore moins dociles et soumises aux personnes à qui on les confie. »

En résumé, malgré les efforts tentés et les sacrifices pécuniaires accomplis, les résultats de cette éducation à Paris, dans un établissement fermé, furent très médiocres ; les administrateurs le reconnaissent eux-mêmes dans la séance du 9 avril 1767, où l'un d'eux, M. Josson, s'exprime ainsi : « Une grande partie des enfans placés en apprentissage, en exécution du règlement du 7 janvier 1761, avait été choisie et tirée de la maison du faubourg Saint-Antoine ; plusieurs de ces enfants garçons, quoique d'un âge raisonnable et paraissant assez robustes pour être employés aux ouvrages de la campagne, ont été renvoyés par ceux à qui on les avoit confiés, ne trouvant dans les uns ni goût ni amour du travail et dans les autres ni force ni courage ; ces défauts peuvent provenir de ce que depuis l'âge de 5 à 6 ans jusqu'à l'âge de 15 à 16 qu'ils sont élevés dans la maison, ils ne sont occu-

[1] *Ut suprà*, p. 25 et 26.

pés qu'à tricotter des bas.......... ; que ce travail pour des garçons parvenus à dix et douze ans, loin de les fortifier et de les rendre robustes et courageux, les rend nonchalants et sans ardeur pour le travail ; qu'on avoit l'expérience au bureau que plusieurs de ces enfants donnés à des maîtres de Paris étoient rendus dans l'intervalle de leur essay et même après leurs engagements, parce qu'ils trouvoient les métiers trop rudes, ce qui étoit souvent de leur part un prétexte pour couvrir leur indolence et leur paresse. » Cet aveu prouve que les hommes si dévoués placés à la tête de l'hôpital général et de celui des enfants trouvés manquaient de l'expérience nécessaire pour organiser sérieusement ce travail manuel dans les immenses agglomérations d'enfants qu'ils accumulaient à Saint-Antoine, à la Pitié, à la Salpêtrière et à Bicêtre : car il est prouvé par les rapports du comité de mendicité, que la maison du faubourg Saint-Antoine fut encore la mieux tenue de ces divers asiles[1].

Néanmoins les administrateurs désiraient constituer d'une manière efficace les placements en apprentissage. Cette matière fit l'objet de cinq règlements en date des 19 août 1733, 10 novembre 1742, 28 septembre 1751, 26 avril 1752, 16 mars 1762, et dont voici les dispositions principales. Pour obtenir un enfant il fallait s'adresser au bureau, produire un certificat du curé de sa paroisse attestant « les vie, mœurs et religion » du demandeur, « car, dit la délibération du 26 avril 1752, il est de l'attention de la direction de ne confier ces enfants, et principalement les filles, qu'à des gens connus et en état non seulement de leur donner de bons exemples et de leur enseigner leur métier, mais encore de leur donner à la fin de leur engagement une récompense proportionnée aux services qu'ils en peuvent retirer. »

On fournissait « à chaque garçon entrant en apprentissage un trousseau composé d'habits, hardes et linge à son usage pour servir à son entretien durant le temps de son

[1] « Cette maison, un peu plus soignée que celle de la Pitié, réunit cependant à peu près les mêmes inconvénients. » (Rapport, p. 25.)

engagement, et 18 fr. pour satisfaire aux frais de l'immatriculation du bureau de l'apprentissage ».

Un trousseau était également accordé aux filles, et les personnes qui les prenaient s'engageaient par acte notarié à s'en charger jusqu'à l'âge de 25 ans, à les nourrir, entretenir, tant en santé qu'en maladie, et à leur donner à la fin de ce temps un trousseau, un lit garni et une somme d'argent variant de 300 à 200 livres, suivant que l'enfant avait été placé de 8 à 15 ans ou de 15 à 20 ans. Il était exigé 75 livres de gages annuels, « des maîtresses et ouvrières tant en linge qu'en broderie, et autres personnes », en faveur des filles mises en apprentissage de 20 à 25 ans. Tout enfant quittant ses patrons avant le temps fixé perdait son droit à l'indemnité.

Des inspecteurs étaient chargés de visiter les apprentis de la ville et des faubourgs; remplissant le même office pour les élèves de l'hôpital général du Saint-Esprit, ils recevaient seulement, en 1752, une allocation de 60 livres; on leur accorda ensuite 100 livres. Ces inspecteurs étaient tenus « de se transporter tous les mois chez les maîtres desdits enfants pour s'informer de leurs mœurs, de leur conduite, de leur travail, de la manière dont ils étaient traités, et de rendre compte au bureau de ce qu'ils apprendraient à cet égard dans leurs tournées [1] ».

Indépendamment des pupilles restant ainsi à Paris [2], on en envoyait dans certains établissements agricoles ou manufacturiers, situés en province, et il est bon, au point de vue de l'histoire de l'industrie nationale, de dire quelques mots de ces placements exceptionnels.

Les registres du bureau de la Couche font mention de trois maisons avec lesquelles des traités furent passés.

En 1765, il est placé chez M. Moreau, « directeur des fermes du Roy, en la ville de Melun, » 24 pupilles destinés à composer le premier noyau d'une école royale d'agriculture

[1] Délib. 27 février 1766.

[2] Quelques enfans étaient placés également en vertu des fondations dont il a été parlé dans les chapitres précédents.

à la Rochette, près Melun. M. Moreau déclara trouver « beaucoup plus de douceur dans les enfants de la maison de Saint-Antoine que dans ceux de la Pitié [1] ». Trois ans plus tard, quarante élèves de 10 à 12 ans sont demandés par le même directeur; il désire seulement que le trousseau fourni la première fois en nature le soit à l'avenir en argent, « afin de les habiller dans le même uniforme que ceux qui lui ont été ci-devant donnés »; cette demande est accordée [2].

En 1770, le bureau entend M. l'abbé Pupil, auquel on avait confié 80 jeunes filles pour être employées dans la manufacture de *dentelle de soie* fondée par lui au Bourg Argental, près Lyon [3]. « M. Pupil dit que dans le nombre des enfants plusieurs étoient incapables de réussir à aucun travail des mains dans des manufactures; que d'autres étoient peu propres aux travaux de la campagne et encore trop jeunes pour être assujetis au travail utilement; que d'autres enfin se dégoutoient pour un temps et conservoient une répugnance violente pour un genre de vie qui les assujettit, et qu'ils auroient besoin alors d'être écartés pour un temps de la manufacture. » Il demande donc à être autorisé à placer directement dans les villages voisins de sa résidence les filles qui seraient reconnues impropres au travail

[1] Voir la lettre aux pièces justificatives n° XIII.

[2] Trousseau fourni en nature : un « surtout brun de tirtaine, une culote de même étoffe, une camisolle de revêche, un chapeau, deux paires de bas, une paire de souliers, un bonnet de laine pour la nuit, deux chemises, deux cols, deux mouchoirs de poche, un peigne de corne, un peigne de buis, une paire de boucles à souliers, une autre paire à jarretières. »

Séance du 19 may 1768. (R. quatrième f° 173, recto). Le Bureau arrête : « 1° que l'habit de la maison que l'enfant emporte en le plaçant en province en exécution du réglement du 7 janvier 1761 sera et demeurera fixé sçavoir : celui des garçons à 8 livres et celui des filles à 7 liv.; 2° que le trousseau que l'hôpital fournit en sus de cet habit, à chaque enfant aussi placé, sera et demeurera fixé à l'avenir pour les garçons relativement à la délibération du 8 mai 1765 à 26 livres, et pour les filles à 27 livres; 3° que, conformément à cette évaluation et dans le cas où le trousseau serait demandé en argent, il sera fait déduction, dans le payement, de celui de la valeur de l'habit de la maison. »

[3] Délib. 19 mai 1768, 10 juillet 1770.

industriel ; cette permission lui est concédée, mais il reste entendu qu'elles ne participeraient pas alors aux avantages promis à celles qui resteraient à la fabrique [1].

Plus tard les entrepreneurs de l'établissement de tricot anglais établis dans l'ancien couvent des dames de Popaincourt s'adressèrent également au bureau pour obtenir quelques enfants trouvés de 14 à 16 ans ; leur requête fut accueillie après enquête, en 1786, avec la stipulation que les « élèves ne pourraient être employés à aucun autre service que celui qui a rapport aux ouvrages de la manufacture, ou à la *fabriquation* des métiers, si quelques-uns d'entre eux montraient des dispositions pour ce genre d'ouvrage ».

§ 3. — SORTIE DES ENFANTS DE TUTELLE.

RETRAITS PAR LES PARENTS.

Les administrateurs, tuteurs-nés de tous les enfants mineurs de vingt-cinq ans placés dans les maisons de l'hôpital général et établissements y unis, exerçaient ce pouvoir à l'exclusion de toute tutelle de droit commun [2].

Que devenaient ces enfants une fois livrés à eux-mêmes ?

En ce qui concerne les pupilles placés et maintenus en province, la Rochefoucauld nous répond par les paroles consolantes reproduites plus haut : « le plus grand nombre tourne bien et ils deviennent de bons habitants des campagnes. »

Il n'en était pas de même trop souvent de ceux conservés à Paris, ayant changé plusieurs fois de patrons, de métiers, repris ensuite par commisération dans les maisons de l'hôpital, où leur présence était une cause de trouble, et finalement jetés dans le monde, privés de famille, sans expérience de la vie et manquant du courage nécessaire pour en

[1] Par suite de lacunes dans les registres, ces conditions ne sont pas indiquées.

[2] Voir les arrêts et lettres patentes reproduites au code, p. 510 et suivantes.

surmonter les difficultés. Les occasions de les placer avantageusement ne sont pas fréquentes, dit un administrateur dans la séance du 7 janvier 1761 [1], en parlant des enfants trouvés ramenés jeunes à Paris.

« La plupart des filles restent à la Salpêtrière jusqu'à l'âge de vingt-cinq ans, et alors, se regardant comme libres et affranchies, elles disposent d'elles-mêmes ; les garçons, parvenus à un âge formé, se trouvent sans profession et sans aucune utilité ; une partie s'évade, et ceux que le bureau met en métier, se regardant aussi comme libres et affranchis, se répandent dans Paris et dans les provinces ; la misère les rend vagabonds et libertins ; abandonnés à eux-mêmes, ils se livrent à toutes sortes de vices et souvent leur fin est tragique. »

Il est donc regrettable que les administrateurs de l'hôpital général n'aient pas compris plus tôt que les enfants ne devaient rester à Paris que le temps nécessaire pour être placés et qu'utilisant autrement ces cités qui avaient nom : la Salpêtrière, Bicêtre, la Pitié, Saint-Antoine, ils n'aient pas fait, dès l'origine, refluer vers les campagnes cette population sans cesse grandissante d'enfants pauvres, trouvés, délaissés ou orphelins.

En dehors de la sortie de tutelle par l'effet de l'âge, les élèves étaient quelquefois rendus à leur famille ou confiés à des bienfaiteurs ; dans ce dernier cas les administrateurs réservaient leurs droits de tutelle.

Nous voyons dès l'origine du service des mères venir réclamer le petit être abandonné par elles dans un moment d'égarement et de misère [2]. En 1674, des règles sont établies

[1] Code, p. 343-344.

[2] Archives des Enfants-Assistés, liasse de l'année 1652, pièce n° 23 du mois de janvier. On voit même les directeurs exiger qu'un enfant âgé de 3 ans, rendu à ses parents, soit représenté au Bureau. Retrait de l'enfant portant le n° 1450 de l'année 1751. Engagement consigné sur le registre matricule :

« Je soussigné Nicolas Labauve, pâtissier, travaillant pour les rmaîtres, et Marie-Anne Fontaine, ma femme, que j'authorise, demeurant rue Poissonnière à la Nouvele-France, paroisse de Montmartre, reconnaissons que MM. les directeurs de l'hôpital général et de celuy

pour ces retraits; les réclamants doivent produire un certificat du curé de leur paroisse et, suivant les circonstances, on rend le pupille gratuitement ou moyennant le remboursement de tout ou partie des frais d'entretien ; acte de remise est passé devant notaire. (Voir aux annexes n. XIV les délibérations du 22 mars 1752, 26 septembre 1758, 31 juillet 1759.)

Souvent aussi des personnes n'ayant pas d'enfants demandent un petit garçon ou une petite fille, pour « prendre soin de son éducation et instruction, le nourrir, le loger, l'instruire, lui faire apprendre mestier et en descharger l'hospital [1] ». Le bureau acquiesce à ces requêtes, « après avoir esté informé que le mari et la femme sont gens de bien, d'honneur et de probité, et qu'il en feront bien leur debvoir [2] ».

On a aussi le spectacle touchant de nourriciers venant à Paris réclamer un pupille que le règlement leur a enlevé à l'âge de sept ans et dont ils désirent se charger complètement, « n'ayant pas d'enfans et ayant conçu pour celui-cy beaucoup de tendresse et d'amittié ». Ils prennent l'engagement de verser sur sa tête 150 livres et de lui donner, « à leurs frais et dépens, une éducation convenable, de l'envoyer aux écolles pour y aprendre à lire et à écrire, de lui faire aprendre un métier lorsqu'il sera en âge, afin qu'il puisse gagner sa vie par lui-même ».

Nouvelle preuve de l'excellence des placements de province, qui donneront toujours de féconds et heureux résultats.

des Enfans-Trouvés y uni, nous ont fait remettre ce jourd'huy Françoise Labauve, notre fille, dénommée cy dessus, de laquelle nous déchargeons ledit hôpital, et prometons solidairement de l'élever dans la religion catholique, apostolique et romaine, et de la représenter toutes fois et quante nous en serons requis par lesdits sieurs directeurs. Fait à Paris, le 13 may 1751. »

[1] Délib. 26 septembre 1670.

[2] Des bienfaiteurs, sans adopter un enfant directement, se chargeaient quelquefois des frais d'entretien d'un *trouvé*. (Annexe n° XV).

CHAPITRE IV

HISTOIRE DE LA MAISON DE LA COUCHE A PARIS.

LA MORTALITÉ DES ENFANTS, — LE SERVICE MÉDICAL ET L'HOSPICE DE VAUGIRARD.

Nous venons de passer en revue la vie de l'enfant trouvé depuis son admission à la maison de la Couche jusqu'à sa sortie de tutelle ; il reste, comme complément de cette étude, à examiner la mortalité qui pesait sur ces pauvres petits et les dispositions spéciales prises à l'égard de ceux ayant reçu pour tout héritage, de mères indignes de ce titre sacré, le germe d'une maladie funeste à eux-mêmes et aux femmes auxquelles on les confiait.

§ 1er. — LA MORTALITÉ DES ENFANTS TROUVÉS.

Pour éclaircir cette question si intéressante de la mortalité, voici par ordre chronologique les délibérations où il est parlé de décès des enfants trouvés.

2 janvier 1671 :

« Le nombre des enfants amenés à la Couche en l'année dernière 1670 est de quatre cent vingt-trois, dont en a esté mis en norrice 302, et des cent vingt et un restans en est mort 118 à la maison, partant en reste trois en cette maison. »

28 décembre 1758 :

« Le dernier décembre 1757, l'hopital était chargé de 6.100 enfans en nourice et en sevrage ; dans le cours de la présente année on en a envoyé 3.220 en nourice qui, joints au susdit nombre de 6.100, composent celui de 9.320 enfans ; que de ce nombre 2.351 sont morts en nourice et 686 ramenés au dit hôpital... Depuis le premier janvier de cette présente année jusqu'à ce jour, on a receu 5.012 enfans exposés, duquel nombre 1.470 sont morts dans la maison en attendant l'arrivée des nourices de la campagne, 2.278 sont morts en nourice et 124 envoyés dans les maisons de l'hôpital général. »

1er mars 1773 (séance de l'hôpital général. Code p. 356).

En 1772, la diminution des nourrices avait causé la perte de 2.650 enfants morts dans l'année en la maison sur 7.676 admis, ce qui fait près du tiers.

2 mai 1775 (Bureau de l'hôpital général. Code p. 372) :

« Sur 2.431 enfans qui ont été reçus depuis le mois de janvier de la présente année 1775 jusqu'au premier mai suivant il en est mort 853 dans la maison.

« En réunissant le nombre des enfans reçus pendant les années 1765 et suivantes jusques et y compris l'année 1772 à celui reçu depuis le premier janvier de la présente année 1775, jusqu'au premier mai suivant, le nombre des enfans reçus est de 42.750.

« Le nombre des morts *dans la maison* pendant ces six ans quatre mois est de..... 13,481, ce qui fait près du tiers pour chaque année. »

Bureau de la Couche, délibération du 11 mai 1784 :

« La maladie dominante dans la maison est le muguet. Si quelques-uns, en très petit nombre, échappent aux effets de cette maladie, ils tombent dans un état de phtisie et de dessèchement qui permet rarement de les confier à des nourrices et ils succombent infailliblement en peu de temps dans l'hôpital ce qui, joint aux causes étrangères dont il a été parlé plus haut (mauvaise constitution des enfans), en enlève près d'un tiers et constitue la première époque de la mortalité des enfans.

« Il n'est aucun de ces enfans qui, s'il séjourne deux ou trois jours dans l'hôpital, n'ait contracté le principe de cette maladie, laquelle achevant de se développer chès ceux que l'on a confiés dans cet état aux nourrices de la campagne en fait périr entre leurs mains plus d'un tiers, en moins de quinze jours ou d'un mois ; c'est la seconde mortalité.

« La crise se rallentit ensuite, et la mortalité pendant le surplus de la première année se réduit à un peu plus d'un dixième, puis elle continue de décroître pendant les années suivantes, en sorte que, depuis le commencement de la seconde année jusqu'à la fin de la sixième, le nombre des décédés n'est plus que d'un autre dixième. A cette époque il ne reste plus qu'un septième de la totalité des enfants, résultat effrayant, quand on se représentera qu'à cet âge il survit généralement plus de la moitié des enfants élevés chés leurs parents et que ce n'est que vers l'âge de 40 ans, qu'une génération se trouve réduite à un septième.

« La maladie extraordinaire dont on vient de parler (le muguet) commença à paraître en 1739. »

Les indications contenues dans toutes ces délibérations ne sont pas évidemment suffisantes et manquent de la précision scientifique que l'on est en droit d'exiger. Nous avons donc eu recours aux registres matricules existants à l'hospice dépositaire de Paris et dont le plus ancien remonte à l'année 1690. Ces registres parfaitement tenus permettent de dresser les tableaux suivants embrassant une période de près de 200 ans [1].

[1] Les chiffres que nous donnons sont le résultat d'un pointage minutieux que nous avons effectué avec le plus grand soin ; les enfants admis de 1 jour à 1 mois étant uniformément désignés sous l'indication de : *nouveau-né*, il n'a pas été possible d'établir de divisions pour ce premier mois. Les chiffres de l'année 1690 avaient déjà été imprimés dans l'*Annuaire de la ville de Paris*, 1re année 1881; ceux des années 1877 à 1882 sont extraits des rapports annuels publiés sur ce service par l'administration de l'Assistance publique à Paris.

Année 1690.

Total des enfants admis.	Enfants admis au dessous d'un an.			Enfants décédés dans la première année de leur âge. de 1 j. à 3 m.	de 3 m. à 6 m.	de 6 m. à 1 an.	Total des décès.	Proportion par cent.
1.504	1.343	au-dessous d'un m.	1.092	319	106	114	539	49.35
		de 1 à 3 mois.	133	19	25	18	62	46.61
		de 3 à 6 mois.	63	»	6	18	24	38.09
		de 6 mois à un an.	55	»	»	4	4	7.27
			1.343	338	137	154	629	46.83

Année 1751.

Total des enfants admis.	Enfants admis au dessous d'un an.			de 1 j. à 3 m.	de 3 m. à 6 m.	de 6 m. à 1 an.	Total des décès.	Proportion par cent.
3.783	3.631	au-dessous d'un m.	3.403	2.088	149	142	2.379	69.90
		de 1 à 3 mois.	94	39	4	3	46	48.93
		de 3 à 6 mois.	73	»	33	7	40	54.79
		de 6 mois à un an.	61	»	»	22	22	36 06
			3.631	2.127	186	174	2.487	68.49

An V.

Total des enfants admis.	Enfants admis au dessous d'un an.			de 1 j. à 3 m.	de 3 m. à 6 m.	de 6 m. à 1 an.	Total des décès.	Proportion par cent.
3.716	3.597	au-dessous d'un m.	3.406	3.129	38	45	3.212	94.30
		de 1 à 3 mois.	74	33	7	2	42	56.75
		de 3 à 6 mois.	57	»	28	11	39	68.42
		de 6 mois à un an.	60	»	»	21	21	35.00
			3.597	3.162	73	79	3.314	92.13

Le chiffre de la mortalité serait encore supérieur si nous n'avions pas compté comme existants pendant un an tous les enfants rendus à leurs parents.

Année 1818.

Total des enfants admis.	Enfants admis au dessous d'un an.			de 1 j. à 3 m.	de 3 m. à 6 m.	de 6 m. à 1 an.	Total des décès.	Proportion par cent.
4.779	4.740	au-dessous d'un m.	4.516	3.349	375	410	3.134	69.39
		de 1 à 3 mois.	80	21	17	8	46	57.50
		de 3 à 6 mois.	41	»	6	4	10	24.39
		de 6 mois à un an.	103	»	»	36	36	34.95
			4.740	2.370	398	458	3.226	68.05

Mortalité des cinq années (1877-1881).

Total des enfants admis.	Enfants admis au dessous d'un an.			de 1 j. à 3 m.	de 3 m. à 6 m.	de 6 m. à 1 an.	Total des décès.	Proportion par cent.
13.418	9.377	au-dessous d'un m.	6.374	1.525	385	364	2.274	35.67
		de 1 à 3 mois.	866	102	114	52	268	31.06
		de 3 à 6 mois.	861	»	186	136	322	37.63
		de 6 mois à un an.	1.276	»	»	282	282	22.10
			9.377	1.627	685	834	3.146	33.55

Au milieu du XVIIIe siècle la mortalité des enfants admis dans les premiers mois de leur existence atteignait ainsi près de 70 % ; elle provenait :

1° Des souffrances que ces enfants avaient endurées avant leur admission lorsqu'ils étaient amenés de provinces très éloignées, dans de mauvaises voitures, sans soin, presque sans nourriture, par les chaleurs de l'été ou les froids de l'hiver; on se demande même comment il pouvait en survivre un seul.

2° Des maladies diverses que contractaient infailliblement des nouveau-nés abandonnés, plus ou moins vêtus, souvent la nuit, dans les rues de la capitale.

3° Une fois les admissions prononcées, de la disette de nourrices pouvant emmener rapidement les nourrissons à la campagne, et de l'abus des envois *par commission.*

4° Du nouveau et pénible voyage qu'ils avaient à supporter dans la charrette d'un meneur où s'entassaient 15 à 20 nourrices[1].

5° Enfin du triste tempérament des abandonnés. « Il faut convenir, lit-on, dans la délibération du 11 mai 1784, que l'on amène à cet hôpital un grand nombre d'enfans en très mauvais état, soit qu'ils proviennent de pères et de mères malsains ou indigents, soit que la contrainte et la gêne auxquelles leurs mères se sont assujetties pour cacher leur grossesse, ou même les tentatives que quelques-unes ont pu faire

[1] Rapport de La Rochefoucauld, p. 22 : « Les charrettes dans lesquelles ces enfants entassés sont menés avec leurs nourrices sont encore pour eux un nouveau danger; ce danger augmente selon la longueur de la route qui souvent est considérable. Le plus grand rapprochement des demeures de ces nourrices est de douze lieues de Paris ; le plus grand éloignement est de soixante. »

L'examen de ces tableaux statistiques permet de constater que dans la première période de la fondation, alors que le chiffre des admissions était moindre, on arrivait à des résultats beaucoup plus consolants. Au XIXe siècle, depuis l'invention des chemins de fer, les nourrices se rendent rapidement dans leurs pays ; elles voyagent dans des vagons de 2e classe, chauffés en hiver, et trouvent généralement aux gares des voitures commodes qui les mènent jusqu'à leur village. Les conditions de transport font faire nécessairement baisser très sensiblement la mortalité des nourrissons.

pour détruire leurs germes, aient influé sur leur constitution.»

Ces causes sont réelles, elles dépassaient en général le pouvoir des administrateurs; ils ne restent pas toutefois exempts à cet égard de tout reproche, ainsi que nous l'expliquerons dans la suite.

En ce qui concerne les enfants ramenés à Paris, il faut constater d'abord que l'expérience prouvait que le changement d'air en faisait périr un grand nombre [1]. De plus, on voit au faubourg Saint-Antoine et aux Enfants-Rouges de fréquentes épidémies de scorbut tenant à l'agglomération de la population et peut-être à une nourriture insuffisante. Les membres du bureau déclarent, à la suite d'une visite faite le 9 avril 1767, qu'il y a mélange dans les classes d'élèves sains et d'élèves malades, que les poêles allumés l'hiver vicient l'air, et, ce qui est plus triste, « que l'usage d'envoyer à l'hôtel-Dieu les enfants attaqués de quelque maladie grave, pour ne la point communiquer aux autres, au lieu de procurer le bien qu'on aurait dû en espérer, avoit été la cause de la perte de tous ceux qui y avoient été envoyés; qu'ils avoient l'expérience que de ceux qui avoient été conduits à l'hôtel-Dieu, le plus grand nombre y étoit mort et le reste en avoit apporté la galle ou la teigne, et que dans l'espace de trois mois ces mêmes enfants venus de l'hôtel-Dieu décédaient, soit parce qu'ils n'étoient pas radicalement guéris, soit parce que les remèdes qui leur avoient été donnés avoient détruit leur tempérament ».

Aussi les administrateurs décident-ils [2], que les enfants

[1] Délib. 7 janvier 1761 (code, p. 343).

[2] Délibération 10 février 1768.

« Le sieur Guéret, chirurgien, nommé pour la maison du faubourg Saint-Antoine par délibération du 9 avril dernier, ayant demandé à entrer au Bureau, a dit que l'étude particulière à laquelle il s'est attaché par ses visites journalières lui a fait connaître que les deux principales maladies dominantes des enfants étoient le scorbut, dont plus de la moitié étoit anciennement attaquée, et les vers, dont ceux qui reviennent de nourrice sont remplis; que les remèdes qu'on avait continué de leur administrer étoient non seulement trop faibles, mais encore insuffisants; que les sages précautions prises par le Bureau, lors de son entrée en cette maison pour l'augmentation des infirme-

convalescents seront envoyés de suite à la campagne « pour y prendre l'air et reprendre des forces, principalement ceux de l'âge de six à huit ans, comme étant les plus faibles ». On devait offrir 5 livres par mois pour leur pension.

A Paris le service médical fut toujours cependant organisé sérieusement. En 1673, madame la garde des sceaux propose le nommé Edmond, docteur en médecine de Montpellier, « pour servir les enfans de sa profession gratuitement ». Plus tard il y a un médecin et un chirurgien ayant pour rétribution « six vingt livres par an, payables par quartier, si ce n'est qu'ils aient la charité de se contenter à moins [1] ». Ils font une visite par jour à la maison de la Couche et une par semaine au faubourg Saint-Antoine [2].

Aux termes de la délibération du 23 février 1785, les officiers de santé doivent visiter les malades, déterminer les précautions nécessaires à prendre, indiquer les remèdes propres à rétablir leur santé, ou leur donner du soulagement dans leurs maux, veiller à l'exécution de leurs ordonnances et à la bonne composition des drogues et remèdes à administrer aux élèves; enfin procurer aux pauvres admis dans les maisons tous les secours et

ries, l'éloignement des lits, la séparation des malades d'avec les sains et la suppression des poêles dans les classes, auroient produit un plus grand bien, si le nombre des malades n'avoit pas excédé celui des sains, et qu'il eût été possible de les placer dans un corps de logis séparé et sans aucune espèce de communication les uns avec les autres. »

[1] Délib. 22 mars 1713.

« Le sieur Bassuel, maistre chirurgien juré, qui depuis très longtemps travaille dans les maisons de l'hospital, a représenté au Bureau que, prenant soin depuis plus de huit ans de la maison des Enfants-Rouges, on luy a paié jusques à présent les seignées et pensements quil a faits sur les mémoires qu'il en a fourny, arrestés par la direction, que cependant il vouloit bien s'obliger de visitter régulièrement ladite maison des Enfants-Rouges et y faire tout ce qui dépendra de son ministère, mesme fournir les drogues et onguents nécessaires pour les blessures ou autres maux qui regardent sa profession de chirurgien. En considération de quoy on luy fera payer, pour ladite maison des Enfants-Rouges, soixante livres par chacun an, à commencer du 1er janvier 1713 pour toutes choses. »

[2] Délib. 13 mai 1687.

consolations qui dépendent de leur ministère. Ils ne peuvent s'immiscer en rien dans l'administration [1].

Les administrateurs faisaient donc des efforts réitérés pour assurer le service médical des établissements de la capitale ; mais où ils manquèrent gravement à leur mission, c'est en négligeant de commettre en province des médecins et chirurgiens chargés de surveiller les enfants mis en nourrice. Il est bien dit dans les règlements que lors des visites on appellera les chirurgiens pour examiner, traiter et médicamenter les enfants qui paraîtront en avoir besoin; ce n'était évidemment pas suffisant, et en 1790 Larochefoucauld se plaint de ce manque d'organisation [2].

En résumé, la mortalité des enfants admis à l'hospice fut effrayante au siècle dernier. Il faut ajouter immédiatement, à la décharge des administrateurs, que les ressources indispensables leur firent défaut, par suite de cet égoïsme des habitants des provinces, qui, une fois le service organisé à Paris, dirigèrent sur la Maison de la Couche un nombre immense de jeunes enfants dont ils auraient dû garder la charge.

« Quant au défaut de faculté, disent avec vérité ces administrateurs, séance du 14 décembre 1772 (Code, p. 353), on ne doit pas être surpris qu'un hôpital qui n'a été fondé que pour recevoir les enfants exposés à Paris, n'ait ni les revenus, ni les emplacements nécessaires pour contenir ceux d'un grand nombre de provinces. »

Si les seigneurs hauts justiciers, les municipalités, les intendants, les hôpitaux avaient continué à pourvoir au soulagement de ces pauvres infortunés, la maison du Parvis Notre-Dame ne recevant qu'un nombre normal de pupilles, aurait pu, grâce à ses sages règlements et au dévouement de ses directeurs, sauver une grande quantité de ceux qui lui

[1] Cette délibération est prise à la suite de l'incident suivant : Un chirurgien ayant été nommé à l'hospice de Vaugirard, le médecin M. Doublet, prétendant être inspecteur général, « avait paru l'installer en son nom et non par délégation du bureau ».

[2] Rapport, p. 26.

étaient confiés, et on n'aurait pas assisté pendant plus d'un siècle à ce spectacle affligeant d'une pareille hécatombe d'innocentes victimes.

§ 2. — LES ENFANTS GASTEZ ET L'HOSPICE DE VAUGIRARD.

Au XVIIe siècle, les enfants atteints de maladie vénérienne étaient placés en pension, soit chez des personnes pouvant leur donner des soins, soit aux Enfants-Rouges [1]; plus tard on les envoya à la Salpêtrière et à Bicêtre; cette translation aux Enfants-Rouges n'avait duré en effet qu'une année [2].

En 1687, on trouve la mention de 12 livres d'indemnité à une nourrice « gastée par un enfant, laquelle s'était fait penser en ville [3]».

[1] Délib. 21 septembre 1674. « Il a esté arresté que les enfans qui se trouveront malades du mal de la grosse vérolle seront baillés en nourrice ou pension dans Paris, à raison de *cent* sols par mois. »

Délib. 24 juin 1680. « M. Pinette a esté prié de faire nourrir les enfans de la manière qu'il a esté informé qu'on les nourrit sans nourrice en Angleterre et en Allemagne, mesme à Paris, et de commencer par les enfans infectés du mal vénérien pour empescher qu'ils gastent des nourrices, et pour cela de parler à Mme Baudouin pour prier de trouver quelques femmes qui demeurent à l'hospital pour avoir le soin desdits enfans et leur faire donner les choses nécessaires à leur subsistance. »

Délib. 21 décembre 1681. « Les enfans gastés qui estoient au faux-bourg Saint-Antoine ont esté aportez icy et mis dans la maison louée de l'Hôtel-Dieu, sise rue de Venise, et ce par l'ordre du bureau général. »

[2] Délib. 22 avril 1687. « Le 17 de ce mois, les enfans gastez ont esté transferez aux Enfants-Rouges avec tous les meubles, linges et ustensiles de leur chambre, dont la sœur Cailly s'est chargée suivant l'estat double, dont l'un est entre les mains de la sœur Cailly et l'autre entre celles de la sœur Jüen.»

Délib. 30 janvier 1688. « La sœur Cailly, officière de la maison des Enfants-Rouges, a dit que dans le nombre des 121 personnes dont est composée leur maison, il y a quatre enfans gastez venus de cette maison (la Couche), et dix personnes aussy gastez venues de la campagne, du nombre desquels est un petit enfant trouvé qui a gasté les autres. Et a requis le Bureau de pourvoir à ce que les personnes gastées soient retirées de leur maison des Enfants-Rouges, pour empescher les inconvénients qui pourroient arriver s'ils y demmourent davantage, ny ayant point de lieu propre pour les penser et médicamenter. »

[3] Délib. 27 mai 1687.

« Diverses tentatives furent faites à toutes les époques pour la guérison de ces malheureux enfans, soit en les traitant par des boissons et donnant à leurs nourrices des préservatifs, soit en les nourrissant au lait d'animaux et les soumettant à des frictions [1]. »

Vers la fin du XVIIIe siècle, cette question préoccupait les esprits et « M. Lenoir, lieutenant général de police, dont toutes les spéculations ont pour but l'avantage et l'utilité publique (dit la délib. du 5 août 1784), avoit à cet égard en quelque sorte prévenu les intentions du gouvernement. Il avoit provisoirement formé à Vaugirard un établissement dans lequel il fesoit essayer de guérir les enfans infectés du vice vénérien en les faisant allaiter par des femmes gâtées auxquelles on administroit les remèdes propres à les guérir ».

Cet essai eut un certain succès et, en vue de permettre à l'hôpital général de prendre soin de cette catégorie de malades, les lettres patentes de mai 1781, enregistrées au parlement le 25 du même mois, portèrent cession des biens de l'hôpital Saint-Jacques à celui des Enfants-Trouvés, ainsi qu'il a été indiqué précédemment, en autorisant les administrateurs à acquérir pour y recevoir les nouveau-nés atteints de maladies communicables [2], « un lieu qui, par ses bâtimens et emplacemens, puisse être

[1] Rapport du comité de mendicité, p. 28.

[2] Préambule des lettres patentes :

« Les administrateurs de l'hôpital général, auquel celui des Enfants-Trouvés est uni, toujours attentifs à perfectionner cet asyle de l'enfance abandonnée et à en écarter tous les dangers, nous ont fait représenter qu'un grand nombre des enfans qu'on y amène étans infectés, en naissant, du germe de la corruption de leurs pères et mères, ne doivent ni être livrés à des nourrices auxquelles ils les communiquent, ni rester confondus avec les autres enfans qui seroient exposés à cette contagion ; et qu'ainsi il seroit nécessaire de former, à proximité de Paris, un établissement où tous les enfans qu'on soupçonneroit, soit par la visite et l'inspection, soit par les témoignages des accoucheurs et sages-femmes, être atteints de ce venin, seroient, incontinent après leur exposition, transportés pour y être nourris avec du lait, et toutes les précautions nécessaires pour leur conserver la vie, autant qui seroit possible, et prévenir toute espèce de contagion. »

rendu propre à les recevoir, à l'effet d'y être nourris et élevés sans nourrices, et avec du lait, en employant toutes les précautions nécessaires pour leur conserver la vie et prévenir toute contagion ».

L'établissement provisoire, créé par M. Lenoir dans la maison seigneuriale de Vaugirard, était tout indiqué aux administrateurs pour réaliser la pensée des lettres patentes de 1781 ; aussi se chargèrent-ils du bail qui expirait en 1786[1].

Au mois de juillet 1784, M. le baron de Breteuil, ayant visité par ordre du roi la Salpêtrière et Bicêtre, se rendit compte de l'insuffisance des services établis dans ces maisons pour les vénériens, et il fut décidé que l'on organiserait un hospice unique pour les recevoir, en demandant à l'hôpital général et aux Enfants-Trouvés une subvention de 90.000 livres. Le ministre annonça au bureau que Sa Majesté avait jugé que la maison de Vaugirard deviendrait inutile aussitôt la nouvelle fondation constituée. Cette idée ne reçut son exécution qu'en 1792, alors qu'un asile spécial se trouva ouvert définitivement dans les bâtiments du couvent des Capucins, près la rue de la Santé ; il porte actuellement le nom d'hôpital du Midi.

On continua donc à recevoir à Vaugirard les enfants trouvés.

« Les enfans infectés sont donnés à des nourrices malades de la même maladie, dit La Rochefoucauld[2] ; la nourrice est traitée et son lait apporte à l'enfant assez de contre-passion pour détruire en lui le vice qu'il faut combattre. Presque toutes arrivent grosses ; leur traitement, qui commence avant leur accouchement se continue jusqu'à la fin de la nourriture ; elles nourrissent à la fois et leur enfant et l'enfant trouvé malade. Aussi dans les avantages de cet établissement il faut compter celui de guérir les nourrices. »

Ces femmes refusaient quelquefois de rester dans l'asile, et on leur accorda à diverses reprises des indemnitées supplémentaires [3].

[1] Délibération du 5 avril 1784, *ut suprà*. — [2] *Ut suprà*, p. 28.

[3] Délib. mercredi 5 mars 1783 :

« Sur quoi le Bureau arreste :..... 3° Que toute nourrice sera en tout

Une gratification était allouée également aux femmes qui consentaient à faire plusieurs nourritures ; les officiers de santé étant d'accord que les nourrices guéries de la maladie vénérienne pouvaient sans danger allaiter d'autres enfants infectés [1].

Quels étaient maintenant les résultats de ce traitement ? La Rochefoucauld écrivait en 1790 : « Dans le nombre de 1959 enfans [2] apportés dans cette maison depuis 10 ans, *quatre cent quarante* ont été guéris, quinze cent dix-neuf sont morts, ce qui porterait aux sept neuvièmes la proportion de la mortalité ; mais il faut observer que dans ce nombre sept

temps libre de sortir de l'hospice, de même que le directeur aura le droit de les congédier si elles s'y comportent mal ; et, dans tous les cas, elles seront payées au prorata du temps qu'elles y auront exercé les fonctions de nourrice.

4° Qu'il sera ajouté à l'avenue qui leur sert actuellement de promenade, un espace pris sur le potager.

5° Qu'outre les 72 l. de récompense attribuée aux nourrices après l'allaitement fini, il sera distribué par semaine à chacune d'elles, par forme de gratification, savoir : 12 sols à celles qui seront chargées de deux enfants et 4 sols à celles qui n'en nourriront qu'un seul ; le tout à compter du 1er du présent mois. »

[1] Délib. 24 octobre 1787 :

« M. Henry a rappelé au Bureau qu'en la précédente assemblée il avoit été fait lecture d'un mémoire de l'économe de l'hospice de Vaugirard, portant en substance que quelques nourrices, après leur guérison et celle des enfants qu'elles ont allaités, entreprenoient de nouvelles nourritures, soit d'un ou de deux enfans, à raison de l'abondance de leur lait et de leur constitution.

« Qu'au mois de décembre 1784, quelques-uns de Messieurs, visitant l'hospice, autorisèrent l'économe à payer 36 l. par forme de gratification extraordinaire à une nourrice qui, pour la première fois, donnoit un exemple de ce genre. Que, depuis le mois d'octobre 1786, cinq autres nourrices l'avoient imitée. Qu'au surplus ce zèle, qui étoit suivi de succès, devenoit d'une grande ressource pour l'hospice, où le nombre des nourrices ne correspond pas toujours au nombre des enfans que l'on y envoie de l'hôpital des Enfants-Trouvés ou d'ailleurs.

« Que, sous ce point de vue, il étoit à désirer que le Bureau voulût bien encourager par des récompenses particulières les femmes qui se dévoueroient ainsi à de nouvelles nourritures. »

[2] Le rapport imprimé porte 19059 ; mais le contexte prouve que c'est une faute d'impression.

cent quatre vingt huit n'ont pas pris le téton, et n'ont par conséquent été soumis à aucun traitement. Il faut se rappeler enfin que parmi les enfants trouvés apportés à la maison de la Crèche sans indication de maladie, deux tiers meurent dans le premier mois, et alors on trouvera la proportion moins forte et le bien de cet établissement grand, quand surtout on apprendra qu'avant qu'il eût lieu, aucun de ces enfants réputés *viciés* n'échappoit à la mort. »

Nons ne possédions aucune autre indication sur ce point lorsque récemment le directeur de l'hospice des enfants assistés, M. Lafabrègue, a eu l'heureuse idée de faire le dépouillement des registres de la maison de Vaugirard. Il a pu ainsi publier une liste très exacte des admissions et des décès [2] allant du 17 avril 1780 au 8 janvier 1793. Ce travail du savant démographe diffère notablement des données fournies par le rapport de 1790, aussi bien par le chiffre des entrées que par la proportion des guérisons. La Rochefoucauld donne en effet 22 % d'enfants guéris et M. Lafabrègue n'en trouve que 14 %.

Années	Admis	Sortis par	
		Guérison	Décès
1780..........	43	6	37
1781..........	103	4	99
1782..........	100	11	89
1783..........	129	22	107
1784..........	120	12	108
1785..........	130	21	109
1786..........	145	21	124
1787..........	176	24	152
1788..........	160	22	138
1789..........	115	17	98
1790..........	156	19	137
1791..........	110	22	88
1792..........	125	22	103
1793..........	9	1	8
	1.621	224	1.397

[1] Bulletin de la Société de statistique, 24e année, n° 7, juillet 1883, p. 260.

La maison de Vaugirard était dirigée, comme les autres établissements des enfants trouvés, par les Sœurs de la Charité, aidées de filles de service provenant le plus souvent de l'hôpital général. Au sujet de ces religieuses, le rapport adressé à l'Assemblée constituante par son comité de mendicité (p. 29-30) renferme l'appréciation suivante, qui terminera ce long historique : « Les maisons de la Crèche et celle de Saint-Antoine, confiées aux soins des Sœurs de la Charité, sont tenues avec ordre et propreté ; les soins charitables de cette respectable congrégation y sont aussi complets que partout ailleurs ; c'est un hommage que nous trouvons ici avec plaisir l'occasion de leur rendre. »

PIÈCES JUSTIFICATIVES

PIÈCES JUSTIFICATIVES

ANNEXE N° 1

Pièces relatives à l'exposition et à l'admission aux enfants trouvés de Jean le Rond surnommé d'Alembert.

On trouve dans la *Biographie universelle* de Michaud (nouvelle édition, tome 1er, p. 385) les renseignements suivants concernant l'origine de d'Alembert.

« Alembert (Jean le Rond d') naquit à Paris, le 16 novembre 1717, et fut exposé sur les marches de Saint-Jean-le-Rond, église située près de Notre-Dame et détruite maintenant. L'existence de cet enfant parut si frêle que le commissaire de police qui le recueillit, au lieu de l'envoyer aux Enfants Trouvés, crut nécessaire de lui faire donner des soins particuculiers, et le confia, dans cette vue, à la femme d'un pauvre vitrier. Peut-être avait-il déjà quelque instruction pour agir de la sorte; car, quoique les parents de d'Alembert ne se soient jamais fait connaître, peu de jours après sa naissance ils réparèrent l'abandon où ils l'avaient laissé..... » Mêmes détails dans le nouveau *Dictionnaire de la conversation et de la lecture* (2e édition, Didot, 1873, tome VIIe, p. 104).

Ces récits, extraits de l'éloge de d'Alembert prononcé devant l'Académie des sciences par Condorcet, renferment, à côté de vérités, des points inexacts qu'il importe de rétablir.

D'Alembert a bien été abandonné sur les marches de l'église Jean-le-Rond, et le procès-verbal de l'exposition publié plus haut montre que des précautions particulières avaient été prises, car les pauvres êtres délaissés n'étaient jamais placés dans *une boëtte de bois;* on se contentait habituellement de les poser à terre ou sur un banc. Ceci dit, l'histoire du commissaire qui n'ose faire porter l'enfant à la maison de la Couche à cause de sa faiblesse est absolument fausse, ainsi que le constate le registre des admissions de l'année 1717; on lit en effet ce qui suit au f° 513 de ce registre sous le n° 1584 :

« Jean le Rond, nouveau-né, sur procès-verbal du commissaire Delamare du 16 novembre 1717, donné en nourrice à Anne Freyon, femme de Louis Lemaire, demeurant à Crémery :

Premier mois	5 l. pour le premier mois, fini le 17 décembre 1717.
5 janvier 1718	2 l. 5 s. jusqu'au 1er janvier (1718) que l'enfant a été rendu à ses parents.

Cet enfant a été rendu au sieur Molin, médecin ordinaire du roy, qui s'en est chargé par acte passé devant Brussel, notaire, le 1er janvier 1718. »

Il est donc établi : 1° que d'Alembert a été *déposé à la maison de la Couche et mis en nourrice en Picardie pendant six semaines ;* 2° que ses parents, ne voulant pas trahir leur incognito, choisirent pour le retirer le sieur Molin, Jacques, connu sous le nom de Dumoulin, un des plus célèbres praticiens de son temps.

Les biographes devront à l'avenir tenir compte de ces documents absolument authentiques et inédits, dont l'auteur du présent ouvrage a donné communication à l'Académie des sciences, dans la séance du 8 juin 1885.

ANNEXE N° 2

PROCÈS-VERBAUX D'EXPOSITIONS ET D'ABANDONS.

PIÈCE n° 1.

PROCÈS-VERBAL MANUSCRIT D'EXPOSITION.

6 *janvier* 1667.

Du jeudy sixième janvier 1667,

Est venu en l'hostel de nous, Laurent Camyn, advocat en parlement, commissaire enquesteur, examinateur au Chastelet de Paris, Olivier Goislard, marchand de vin, lequel nous a apporté et mis es mains une requeste par luy présentée à Monsieur le lieutenant criminel, au bas de laquelle est son ordonnance en datte du jour d'hyer, portant que l'enfant qui a esté exposé au devant de la porte de son logis seroit porté à la Couche ordinaire et qu'il seroit plus ample informé de la ditte exposition. En conséquence et suivant laquelle ordonnance, avons fait porter ledit enfant, que nous avons recognu estre une fille, à la Couche ordinaire des Enfans Trouvez pour y estre ellevée à la manière accoustumée.

PIÈCE n° 2.

1er *janvier* 1692.

Du mardy 1er janvier 1692, neuf heures du soir.

Par devant nous, Nicolas de la Marre, conseiller du roy, commissaire au Chastelet de Paris, a esté amenée par une escouade du guet, commandé par Robin de Toot, caporal, une petite-fille, âgée de sept ans ou environ, qu'il nous a dit avoir retiré présentement d'entre les mains d'un soldat yvre qui l'ammenoit, l'ayant trouvé, à ce qu'il leur a dit, dans la rue, abandonnée devant la place Maubert, lequel soldat ils ont rencontré près la fontaine de Saint-Séverin, laquelle petite fille nous a dit se nommer Françoise Morlier, que son père, sapel François Morlier, garçon cordonnier, rue Mouffetard, qu'il y a quatre jours que sa mère la chassée et veult plus d'elle, et que depuis ce temps elle a couché chez des dames proche le pallais dont elle ne sait pas le nom, et que, le soir, en demandant l'aumône dans les ruës, un soldat la pris par la main et luy a dit d'aller avecq luy. Après laquelle déclaration, avons laditte petitte fille envoiëe à la Couche des Enfans Trouvez.

PIÈCE n° 3.

3 *janvier* 1701.

De l'ordonnance de nous, Guillaume Thomin, conseiller du roy, commissaire au Chastelet de Paris, a esté porté à la Couche de cette ville une fille nommée Marianne Rousseau, âgée d'un mois, ainsy qu'il paraît par le billet qui a esté trouvé dans ses langes, laquelle a esté trouvée exposée dans l'allée du nommé Favetier, tailleur d'habits, rue des Sept-Voyes, pour y estre nourrie et allaitée jusqu'à ce qu'autrement par Monsieur le lieutenant général de police en ait esté ordonné.

Fait le trois janvier 1701.

Et sur le billet : « Demeuré annexé à la minute du présent procès-verbal, après avoir esté paraphé *ne varietur*. »

PIÈCE n° 4.

3 *janvier* 1702.

De l'ordonnance de nous, Nicolas Delamare, conseiller du roy, commissaire au Chastelet, a esté levé une fille nouvellement née, trouvée exposée dans l'allée de la maison du nommé Normant, demeurant rüe des Deux-Hermites, laquelle fille avons fait porter à la Couche des Enfans Trouvez pour y estre nourrie et allaitée, en la manière accoutumée, ce mardi, troisième jour du mois de janvier 1702, sept heures du matin.

PIÈCE n° 5.

ENFANT ENVOYÉ PAR L'HOTEL-DIEU.

1er *janvier* 1708.

La sœur supérieure des Enfans Trouvez recevra, s'il lui plaist, la nommée Jeanne-Anne Flamand, âgée de quatorze jours, dont la mère est morte à l'hostel-Dieu, par forme de despost pour estre représentée à Messieurs les commissaires.

Fait à l'hôtel-Dieu le premier janvier 1708.

Signé : LETOURNEUR.

PIÈCE nº 6.

FORMULE IMPRIMÉE.

1er *juillet* 1722.

De l'ordonnance de nous, Louis Regnard de Lussaing, conseiller du roy, commissaire enquesteur au examinateur au Chastelet de Paris, a esté levé un enfant. , ...
. . . .
lequel, après perquisition exacte, nous avons fait porter en nostre hôtel et démailloter en notre présence et s'est trouvé estre. . .
. . . .
pourquoy n'ayant pu avoir connaissance ny certitude de son estat l'avons mis ès mains de. . . . .
. . . .
pour estre porté à la couche des Enfants trouvéz et y estre élevé jusqu'à ce que par justice ayt esté autrement ordonné.

Fait et délivré par nous conseiller commissaire susdit en nostre hostel.

(Au point de vue de l'orthographe on peut remarquer dans ce modèle imprimé en 1722 le mot hôtel écrit : *hôtel et hostel.*)

PIÈCE nº 7.

AUTRE FORMULE IMPRIMÉE.

7 *juillet* 1724.

De l'ordonnance de nous Jean Hubert, conseiller du roi, commissaire enquesteur et examinateur au Chastelet de Paris et ancien préposé par la Police au quartier Saint-Jacques de la Boucherie, a été porté à la couche des enfants trouvez un enfant
. . . .
âgé d'environ. . . . .
trouvé exposé rue. . . . .
sur le pas de la porte. . . . .
Dans les langes. . . . .
s'est trouvé un billet que nous avons paraphé *ne varietur* et joint au présent procès-verbal, pour y estre le dit enfant nourry et élevé en la manière accoutumée.

Fait et délivré ce

PIÈCE nº 8.

FORMULE IMPRIMÉE.

22 *novembre* 1725.

En nostre hostel et par devant nous Louis Regnard de Lussaing, conseiller du roy, commissaire enquesteur et examinateur au Chastelet de Paris, sont venus et comparus. . . . .
. . . .
qui ont apporté, un enfant qu' ont trouvé exposé ruë sans avoir pu apprendre d'aucuns voisins de la dite maison à qui ils l'ont soigneusement demandé quel il peut estre et a qui il appartient ; pourquoi ils nous l'ont apporté pour y estre par nous pourvu, ce qu'entendant nous leur avons donné acte de leur déclaration, et cependant ordonné par provision que ledit enfant sera porté à la couche des enfants trouvez pour y estre entretenu, nourri et allaité jusqu'à ce que par justice ait été autrement ordonné.

A l'effet de quoi ledit enfant est resté en mains de qui s'en est chargé pour et aux fins de nostre présente ordonnance.

Fait et donné par nous conseiller, commissaire susdit le jour et an que dessus.

PIÈCE nº 9.

ABANDON DIRECT ENTRE LES MAINS D'UN PROCUREUR FISCAL.

Pièce manuscrite, 22 *novembre* 1725.

Madame la supérieure de l'hôpital des enfans trouvez y recevra pauvre enfant exposé à la porte de l'hôpital de Pont-Chartrain pour y estre traitté et noury comme les autres pauvres enfans trouvez qui sont dans le dit hôpital.

Fait à Paris
Ce 22 novembre 1725.
Signé : JOLY DE FLEURY.

(Ces envois sont fréquents).

Joint un acte de baptême dudit enfant du 19 novembre 1725, paroisse Saint-Martin de Jouan, Pont-Chartrain, diocèse de Chartres. L'enfant exposé avait été levé par maître Guillaume Madeleine de la Valette, procureur fiscal du comté de Pont-Chartrain.

PIÈCE n° 10.

ENVOI DIRECT, PAR JOLY DE FLEURY, D'UN ENFANT ÉTRANGER A PARIS.

Pièce manuscrite, 22 *novembre* 1725.

Cejourd'huy, sur la réquisition de la nommée demeurante en ce lieu de Vaugirard, nous Nicolas Paumier, procureur fiscal, nous estant transporté en sa maison, elle nous a représenté un enfant mâle qu'elle nous a dit estre l'enfant de Nicolas son gendre, et de Geneviève-Marie, sa femme, qu'ils ont abandonné, et comme elle ne sçait et ne peut découvrir leur demeure, ny en quel pays ils se sont retirés, estant d'ailleurs hors d'estat de le nourir, nous avons fait transporter ledit enfant à Paris pour estre remis et reçu sous le bon plaisir de madame la supérieure aux Enfans trouvés ou à l'hôpital général.

Donné à Vaugirard, lesdits jour et an que dessus.

Signé : PAUMIER.

PIÈCE n° 11.

Pièce imprimée. Année 1729.

De l'ordonnance de nous Sébastien-Paul de la Fosse, conseiller du roy, commissaire au Châtelet de Paris, préposé pour la police au quartier de la Cité, a été levé un . . . .

. . . .

nouvellement né, trouvé abandonné dans l'une des salles de l'Hôtel-Dieu, dans les langes d quel s'est trouvé le billet attaché au présent procès-verbal qui dénote que ledit enfant est né et baptisé audit Hôtel-Dieu, le . . . .

sous le nom de . . . .

Lequel billet nous avons avec ledit enfant envoyé à la Couche publique des Enfans trouvez

Fait à Paris,

Ce 172 heure

PIÈCE n° 12.

Autre formule pour enfants venant de l'Hôtel-Dieu.

Année 1730, 1er juin. — (Pièce imprimée.)

De l'ordonnance de nous Guillaume Ysabeau, conseiller du roy, commissaire au Châtelet de Paris, a été levé un enfant nouvellement né trouvé dans la salle des accouchées de l'Hôtel-Dieu, lequel nous avons à l'instant envoyé à la crèche des Enfans

trouvez pour y estre nourri et allaité en la manière accoutumée.
Fait et délibéré le

PIÈCE n° 13.

Apport direct d'un enfant par son père chez le commissaire enquêteur.

4 novembre 1790. — (Pièce imprimée).

De l'ordonnance de nous, commissaire, etc., il a été porté à la crèche des Enfants trouvés de cette ville, pour y être nourri et élevé en la manière accoutumée, un enfant du sexe féminin paraissant âgé de deux mois, qui a été apporté de la rue de Condé par M. bourgeois, qui nous a déclaré que cet enfant est né de son légitime mariage avec et a été baptisé le 7 septembre dernier à la paroisse Saint-Sulpice selon l'extrait baptistal ci-joint. Lequel enfant a été laissé à M. qui s'en est chargé à l'effet de ce que dessus.

PIÈCE n° 14.

12 décembre 1790. — (Entête imprimé). — Pièce manuscrite.

Comité permanent de la section des Thermes de Julien, séant aux Mathurins.

Commissaire de police.

Du 12 décembre 1790.

Madame la supérieure des Enfans trouvés voudra bien recevoir Marie-Louise fille délaissée de marchand, rue du Foin, et de Geneviève-Angélique . Cette fille baptisée à Saint-Séverin le jour d'hyer suivant l'extrait baptistaire représenté et rendu.

Du tout a été dressé procès-verbal.

Signé : REGNAULD.

PIÈCE n° 15.

1er octobre 1793. — (Pièce imprimée).

Section de la Cité du 179 l'an de la République
heure du

Soit porté à la crèche des Enfants trouvés de Paris pour y être élevé, un

apporté par

demeurant

Avec un acte de naissance du duquel il résulte que cet enfant est né le qu'il a pour et pour prénom ce de

Fait par le commissaire de police de la section de la Cité les jour et an que dessus.

PIÈCE n° 16.

29 germinal an III. — (Pièce manuscrite.)

Section des gardes françaises. Police (timbre rouge).

Le 29 germinal l'an trois de la République française une et indivisible, à deux heures de relevée,

Par devant nous Jean Conté, commissaire de police de la section des gardes françaises,

Est comparu la citoyenne Marie-Elisabeth veuve de Jean Sigismond ouvrière, demeurant rue Bétizy, n° 346, laquelle nous représente que son mari est décédé à l'hospice militaire de Nancy le deux germinal l'an deuxième, qu'elle a de son légitime mariage trois enfans, qu'elle est dans l'impossibilité de les élevés se trouvant dans ce moment cy sans moyens.

Demande que l'on lui place son fils Narcisse âgé de sept mois et demie.

Et sur l'attestation des citoyens Nicolas Coquet, traiteur, demeurant rue Bétizy, même numérot et maison, et Jean-Louis Cauvin, limonadier, même rue n° 342. Lesquels nous attestent et déclarent bien connaître ladite veuve pour être dans l'impossibilité de pourvoir aux besoins de ses enfans.

En conséquance invitons les citoyens commissaires des établissements publics de prendre la demande de la déclarante en considération et de placer son fils Narcisse aux enfans de la Patrie, s'il y a lieu.

Fait en notre bureau de police les jour et an que dessus, et a la requérante et les témoins signé avec nous commissaire de police soussigné.

PIÈCE n° 17.

27 germinal an VII. — (Pièce manuscrite).

Résumé : Un enfant âgé d'environ dix-huit mois est abandonné dans une boutique d'épicier par une femme qui, après avoir acheté « une once de caffé et une once de cassonnade », a demandé qu'on lui garde un instant son fils le temps d'aller « à la boucherie retenir son tour ». Cet enfant est porté par l'épicier, le citoyen Dufour, au commissaire de police du quartier de l'Arsenal, dont le procès-verbal se termine de la manière suivante :

« En conséquence de tout ce que dessus, nous avons chargé le citoyen Nicolas Rollet, caporal de garde au poste de Birague, de conduire ledit enfant à l'hospice d'humanité des enfans naturels de la Patrie, le chargeant en outre de l'expédition du présent et de nous rapporter reçu du tout, afin de le joindre à la présente minute, ce qu'il a accepté et promis; espérant que les citoyens directeurs dudit hospice voudront bien faire annexer ladilte expédition à l'enregistrement dudit enfant en cas de réclamations par la suite, et avons signé avec lesdits citoyens Rollet et Dufour. »

PIÈCE n° 18.

25 floréal an V. — (Pièce manuscrite.)

Le 25 floréal an V de la République une et indivisible, à sept heures du matin, par devant nous Antoine Nicolas Legoy, commissaire de police de la division de l'Observatoire, est comparue la citoyenne Marie Lécuyer, veuve de Jean Chartel Dominique-Valentin, demeurant rue des Jardins, numéro quatre, division de l'Arsenal, laquelle nous a dit que le jour d'hier et au moment de l'arrivée du coche d'Auxerre, la vivandière de ce coche lui a remis deux enfans du sexe masculin agés d'environ quinze jours, pour les présenter et faire admettre à l'hospice des enfants de la Patrie, sis rue de la Bourbe, de notre division; que le premier de ces enfans portait une notte qu'elle nous représente et sur laquelle est écrit : *Je certifie que l'enfant est baptisé et se nomme Hilaire* *à Sens*, et que le second portait une pareille notte qu'elle nous représente aussy et sur laquelle est écrit : *Je certifie que l'enfant est baptisé et nommé Jacques-Eugène* *à Sens*.

Qu'elle s'est rendue aux bureaux d'entrée de l'hospice des Enfans de la Patrie pour y remplir la commission dont elle était chargée et y faire admettre ces deux enfans, mais qu'on a refusé de les recevoir, attendu qu'elle n'exhibait pas d'acte qui constatât leur sexe et état civil et que les nottes attachées sur eux n'avaient aucun caractère légal; qu'il luy a été conseillé de se présenter devant nous pour du tout être dressé procès-verbal et suppléé au défaut des pièces voulues par la loi.

Pourquoi elle nous fait la présente déclaration qu'elle affirme sincère et véritable et qu'elle n'a signé ayant dit ne le sçavoir de ce enquise suivant la loy.

De laquelle déclaration avons donné acte à la comparante et attendu qu'il importe d'assurer l'existence et l'état civil des deux enfans présentés par elle et par nous reconnus être du sexe masculin, disons qu'ils seront admis à l'hospice des Enfans de la Patrie et qu'ils y seront inscrits, le premier sous les noms de Hilaire né à Sens; le second, sous ceux de Jacques-Eugène né à Sens. Disons que, conformément aux articles dix et onze de la loy du vingt septembre mil sept ce quatre-vingt-douze sur le mode de constater l'état civil des citoyens français, une expédition du présent sera transmise à l'officier municipal faisant fonctions d'officier public près le douzième arrondissement de Paris, pour à sa diligence être transcrit sur le registre double des actes de naissance au terme des articles précités.

Disons que les deux nottes trouvées sur ces enfans resteront annexées à la minutte des présentes, pour être représentées et servir de renseignemens s'il y a lieu.

Fait et rédigé en notre bureau, lesdits jour et an, signé à la minutte : Legoy, commissaire de police.

ANNEXE N° 3

ADMISSIONS A L'HOSPICE DES ENFANTS TROUVÉS DE PARIS
DE 1640 A 1884.

ANNÉES	CHIFFRE DES ADMISSIONS	ANNÉES	CHIFFRE DES ADMISSIONS	ANNÉES	CHIFFRE DES ADMISSIONS	ANNÉES	CHIFFRE DES ADMISSIONS
1640	372	1686	1.147	1732	2.474	1778	6.688
1641	229	1687	1.147	1733	2.413	1779	6.644
1642	239	1688	1.216	1734	2.654	1780	5.568
1643	312	1689	1.245	1735	2.577	1781	5.608
1644	288	1690	1.504	1736	2.681	1782	5.444
1645	288	1691	1.720	1737	2.914	1783	5.715
1646	253	1692	1.971	1738	2.734	1784	5.609
1647	322	1693	2.894	1739	3.289	1785	5.918
1648	338	1694	3.788	1740	3.150	1786	5.824
1649	412	1695	1.767	1741	3.388	1787	5.912
1650	393	1696	1.244	1742	3.163	1788	5.822
1651	354	1697	2.419	1743	3.099	1789	5.719
1652	434	1698	1.845	1744	3.034	1790	5.842
1653	270	1699	1.998	1745	3.234	1791	5.140
1654	333	1700	1.733	1746	3.274	1792	4.934
1655	326	1701	1.931	1747	3.369	1793	3.129
1656	416	1702	1.644	1748	3.429	7 m. 21 j.	
1657	421	1703	1.511	1749	3.775	an II	3.637
1658	371	1704	1.712	1750	3.789	an III	3.935
1659	365	1705	1.709	1751	3.783	an IV	3.122
1660	491	1706	1.595	1752	4.127	an V	3.716
1661	441	1707	1.742	1753	4.329	an VI	3.513
1662	406	1708	1.759	1754	4.231	an VII	3.777
1663	446	1709	2.525	1755	4 275	an VIII	3,742
1664	582	1710	1.698	1756	4.725	an IX	3.646
1665	486	1711	1.638	1757	4.969	an X	4.248
1666	485	1712	1.748	1758	5.082	an XI	4.589
1667	323	1713	1.737	1759	5.264	an XII	4.250
1668	475	1714	1.721	1760	5.032	an XIII	4.057
1669	430	1715	1.840	1761	5.418	an XIV	
1670	312	1716	1.778	1762	5.289	3 m. 10 j.	5.529
1671	738	1717	1.749	1763	5.254	1806	
1672	486	1718	1.754	1764	5.538	1807	4.238
1673	578	1719	1 735	1765	5.496	1808	4.302
1674	673	1720	1.441	1766	5.604	1809	4.556

ANNÉES	CHIFFRE DES ADMISSIONS	ANNÉES	CHIFFRE DES ADMISSIONS	ANNÉES	CHIFFRE DES ADMISSIONS	ANNÉES	CHIFFRE DES ADMISSIONS
1675	640	1721	1.317	1767	6.007	1810	4.502
1676	717	1722	1.857	1768	6.025	1811	5.152
1677	790	1723	1.980	1769	6.426	1812	5.394
1678	1.006	1724	2.095	1770	6.918	1813	5.000
1679	940	1725	2.260	1771	7.156	1814	5.137
1680	890	1726	2.466	1172	7.676	1815	5.080
1681	820	1727	2.302	1773	5.989	1816	5.080
1682	938	1728	2.166	1774	6.333	1817	5.467
1683	940	1729	2.335	1775	6.505	1818	4.779
1684	944	1730	2.401	1776	6.419	1819	5.057
1685	988	1731	2.539	1777	6.705	1820	5.101
1821	4.963	1838	3.207	1855	3.700	1872	3.551
1822	5.040	1839	3.354	1856	3.943	1873	3.336
1823	5.116	1840	3.628	1857	3.993	1874	3.146
1824	5.213	1841	3.698	1858	3.960	1875	2.358
1825	5.240	1842	4.095	1859	4.002	1876	2.260
1826	5.396	1843	4.178	1860	3.799	1877	2.320
1827	5.416	1844	4.223	1861	3.768	1878	2.760
1828	5.497	1845	4.296	1862	3.613	1879	2.774
1829	5.320	1846	4.260	1863	3.469	1880	2.730
1830	5.238	1847	4.554	1864	3.786	1881	2.834
1831	5.667	1848	4.597	1865	3.942	1882	2.746
1832	4.982	1849	3.671	1866	4.273	1883	3.151
1833	4.803	1850	3.952	1867	4.469	1884	3.128
1834	4.941	1851	3.940	1868	4.651		
1835	4.877	1852	3.303	1869	4.260		
1836	4.792	1853	3.380	1870	4.541		
1837	4.664	1854	3 441	1871	3.423		

ANNEXE N° 4

Tableau résumé des principales fondations faites en faveur des maisons de la Couche. Relevé rédigé vers 1840, à l'aide de documents disparus dans l'incendie de mai 1871, par un employé supérieur de l'administration des hôpitaux et hospices civils de Paris. (Archives de l'Assistance publique.)

1642	Louis XIII, roi de Fance.	Donation de 30.000 liv. de rente.
1643	Vignerod d'Aiguillon Marie.	Donation de 5.000 liv. de capital.
1646	Jumeau de Sainte-Croix André.	Donation à la charge de faire apprendre la médecine à trois pauvres enfants trouvés.
1648	Delamet François et sa femme.	Donation de 300 liv. de rente.
1650	Bunetier f[e] née Berthin.	Legs de 20 liv. de rente.
1653	Courtin Jeanne.	Legs de 2.000 liv. aux dames qui ont soin des enfants trouvés.
1672	Belye (de la).	Legs de 1,200 liv. de capital.
1673	Maslon de Bercy.	Legs universel.
1674	Potier (V[e]), née Lepère.	Legs de 2.000 liv. de capital.
1676	Béguin V[e], née d'Issy.	Legs de 10.000 l. de cap.
1676	Ollivier Henry.	Legs de 1.100 l. de cap.
1677	Labelye (de) Jean.	Legs universel.
1677	Guérapin de Vauréal (Antoine).	Donation de 20.000 liv. de capital.
1677	Gallois Philippe et sa femme.	Donation de 6.000 liv. de capital.
1678	Bricommet (de) née Anelot.	Donation de 6.000 l. de cap.
1678	Legoin de la Berchère, Denis.	Legs de 10.000 liv. de capital.
1679	Thierriat, Auger.	Legs de 20.000 liv. de cap.

1679	Germain (Ve), née Boitrolles.	Legs de 2.500 l. de cap.
1680	Teillois (du) Etienne.	Donation de 10.000 l. de cap.
1680	Cureau de la Chambre, née Duchesne.	Donation de 30.000 liv. de capital.
1682	Duval, Jean.	Legs de 50 liv. de rente.
1683	Michelon, Claude.	Legs de 1.000 l. de cap.
1685	Passart de Saint-Escobille, Alexandre.	Donation de 284 liv. 16 s. 8 d. de rente.
1686	Guillaume.	Legs de 40 liv. de capital.
1687	Bancèze, Antoine.	Legs de 1.500 liv. de cap.
1688	Orléans de Guise (d') Élisabeth.	Donation de 228 liv. de rente.
1688	Anonyme.	Donation de 500 liv. de cap.
1688	Passart de St-Escobille, Alex.	Donation de 14.500 liv. de capital, à la charge de construire un bâtiment à l'hôpital de la Pitié pour 300 jeunes filles.
1690	Nuguet.	Legs de 400 liv. de capital.
1690	Voyer de Pérenz.	Legs de 1.200 liv. de cap.
1691	Landais, Etienne.	Legs de 400 liv. de capital.
1697	Belim, Aimé.	Legs de 500 liv. de rente.
1697	Aubry, Michel.	Legs de 10.000 liv. de cap.
1697	Lebœuf, André-Jacques.	Donation de 200 liv. de rente pour mettre en apprentissage des enfants trouvés.
1697	Belin, Aimé.	Legs de 550 liv. de rente pour marier de pauvres garçons et filles.
1697	La même.	Legs de 550 liv. de rente à charge de services religieux.
1697	Delaisko, Claude.	Legs universel de 54 liv. à charge de services religieux.
1699	Lamothe (Ve), née Fleuret.	Donation de 20.000 liv. de capital.
1699	Paparel, François.	Legs de 20.000 liv. de cap.
1699	Boucherat, Louis.	Legs de 2.000 liv. de capital.
1700	Lebœuf et sa femme.	Donation de 564 liv. 2 s. 8 d, de rente.
1701	Pagez, Jacques.	Legs universel.
1701	Lebœuf, André-Jacques.	Legs de 50 liv. de rente.

1702	Chardin, Augustin.	Legs de 200 liv. de capital.
1703	Hansart (de), Jean.	Donation de 240 liv. de rente.
1704	Carteron, Roch.	Legs de 600 liv. de capital.
1705	Jouan, Louis.	Legs universel pour 1/5.
1706	Allais, Nicolas.	Donation de 4.000 l. de r.
1707	Revol (de), René-Joseph.	Legs de 10.000 liv. de cap.
1707	Savone (de), Denis.	Donation de 500 liv. de cap.
1708	Rivière (de la), née Bonnet.	Legs de 20.000 liv. de cap.
1709	Vallot, Ferdinand.	Legs de 300 liv. de rente pour être distribuées chaque année à des enfants qui ou le plus de dispositions pour les arts et métiers.
1709	Bertrand, Jacques.	Legs de 300 liv. de capital.
1710	Lepiège, Nicolas.	Legs de 1.000 liv. de cap.
1710	Vivion (Ve), née Bertrand.	Legs de 60 liv. de capital.
1710	Leroix, Pierre.	Donation de 400 liv. de cap.
1711	Bernard, Jean-Baptiste.	Legs universel.
1712	Bailleul, née Dufresne.	Legs de 1.200 liv. de capital pour la dotation de 4 petites filles de l'hôpital.
1713	Pujade (Ve de la), née Legendre.	Legs de 4.000 liv. de capital.
1713	Ménestrel de Germainville, Jacques.	Donation de 30.000 liv. de capital à la charge de donner chaque année 12 l. 10 s. à 4 pauvres aveugles mendiants des Quinze-Vingts.
1714	Boilletot, Pierre.	Legs de 10.000 liv. de cap.
1715	Rogier de Cavoys.	Legs universel.
1715	Lefébure (Ve), née Legrand.	Legs de 40 liv. de rente.
1717	Buchère, Jean.	Legs de 150 liv.
1718	Anonyme.	Legs de 300 liv. pour faire apprendre un état à un enfant trouvé.
1718	Rolland, Barthélemy.	Legs de 40.000 liv. de cap.
1718	Lordelot, Bénigne.	Donation de 30 liv.
1718	Denis, Louis.	Legs de 36 liv. de rente.
1719	Parayre (Ve), née Petit.	Legs universel.
1720	Anonyme.	Donation de 20.000 l. de cap.
1720	Helvétius, née Desgranges.	Donation de 80.000 l. de cap.
1720	Choquet, Louise.	Legs de 30 liv. de rente.

1721	Pinon de Villemain, Nicolas.	Legs de 10.000 liv. de cap.
1724	Delaunoy, Thomas.	Donation de 300 l. de rente.
1724	Rouquette de Ste-Croix, François.	Donation d'une maison sise à Paris.
1724	Tirel Delaunoy, Thomas.	Donation de 12.000 l. de cap.
1725	Goupy de Bécagne, François.	Donation de 40.000 liv. de capital.
1726	Dalenée (Ve), née Hébert.	Legs de 30.000 liv. de cap.
1726	Fortia (de), Jacques.	Legs de 30.000 liv. de cap.
1727	Batelet, Jean.	Legs universel, à charge de fonder des manufactures pour faire travailler les pauvres enfants trouvés et placer des enfants en apprentissage.
1728	Babin, Mathieu.	Legs de 10,000 liv. de cap.
1729	Batelet, Jean-Baptiste.	Legs universel en faveur des enfants trouvés et, à défaut, de la maison de l'Oratoire, près des Missions.
1729	Guérapin de Vauréal, Michel-Antoine.	Legs de 30.000 liv. de cap.
1731	Lenoir, Claude.	Donation de 533 l. 6 s. 8 d. de rente.
1731	Suart, Anne.	Legs de 100 l. de rente.
1734	Belin, Jacques.	Legs de 200 liv. de capital.
1737	Carré de Montgeron, Louis-Basile.	Legs de 40.000 liv. de cap. dont le revenu sera employé chaque année à acheter des livres pour les enfants.
1738	Beaunier, Elisabeth.	Donation de 415 l. 10 s. 2 d. de rentes.
1739	Lemercier (Ve), née Dubuc.	Legs de 60 l. de rentes.
1741	Buirette (Ve), née Noirret.	Legs de 10.000 liv. de cap.
1741	Gustaunie (de la).	Legs de 600 liv. de capital.
1741	Legourt, Nicolas.	Legs de 50 liv. de rentes.
1742	Hardy, Jacques.	Legs de 800 liv. de cap.
1742	Vallée, Anne-Elisabeth.	Donation de 600 liv. de rente à la charge de mettre chaque année un enfant en apprentissage.
1743	Grouchy de Menul, Jean-Baptiste.	Legs de 100 liv. de rentes.

1744	Roy (Ve), née Coignet.	Donation d'une maison sise à Paris.
1745	Frémont (de), Nicolas.	Legs de 300 liv. de capital.
1746	Delaquepierre (Ve), née Courtelais.	Legs de 100 liv. de capital.
1749	Dauménil de Tiremont.	Legs de 300 liv. de capital.
1749	Chupin, Nicolas-Augustin.	Legs de 300 liv. de capital.
1749	Desjardin, Jeanne-Marguerite.	Legs de 10.000 liv. de cap.
1751	Perrin de Tilleul.	Legs de 666 l. 12 s. 4 d. de capital.
1753	Poissant Claude.	Legs de 700 liv. de capital.
1753	Arrault.	Legs de 30.000 liv. de cap.
1755	Berny (de), née Rolland.	Legs de 300 liv. de capital.
1756	Delaunay, Nicolas et sa femme.	Legs de 525 liv. de rentes.
1786	Fournier (Ve), née Chaperon.	Legs de 100 liv. de capital
1758	Bellecroix (de).	Donation de 100.000 l. à la charge de construire des pavillons dans l'hôpital des enfants trouvés. (Les pavillons sont construits, les noms des bienfaiteurs sont inscrits sur ces pavillons).
1759	Doublet.	Legs de 600 liv. de capital.
1762	Rollin, Jean.	Legs de 300 liv. de capital.
1762	Lordelot et sa femme.	Donation de 37 liv. 10 s. de rentes.
1764	Canus (Ve), née Valière de Beaulieu.	Legs de 600 liv. de capital.
1176	Letellier.	Legs universel.
1767	Carlin, Pierre.	Legs de 100 liv. de capital.
1768	Ledoutre.	Legs de 700 liv. de capital.
1770	Platrier, Louis-Claude.	Legs de 151 liv. 4 s. de rentes à la charge de placer des enfants de l'hôpital chez des laboureurs.
1771	Lucas (Ve), née Descobry.	Legs de 10.000 liv. de cap.
1771	Haudry (fe), née Patineau.	Legs de 300 l. de rentes en nue propriété et de 50 l. de capital.
1774	Rolland de Frenneville.	Legs de 100 liv. de capital.
1774	Molé, Bernard.	Legs de 60.000 liv. de cap.

1777	Huot de Vauberay.	Legs de 600 liv. de capital.
1780	Lamy, Girard.	Donation de 20.000 liv. à charge de faire étudier un enfant trouvé dans un des collèges de Paris.
1780	Guillaume.	Donation de 320 l. de rentes.
1780	Devimes, née Lamarre.	Legs universel.
1783	Fauveau (Ve), née Béguin.	Legs de 300 liv. de capital.
1784	Reims, Marie-Angélique.	Legs de 800 liv. de capital.
1784	Chassaigne, Jacques.	Legs de 5.200 l. de rentes.
1785	Chalus de Verin.	Donation de 12.000 l. à charge de marier tous les ans une fille, enfant trouvé avec le revenu.
1785	Gauthier (Ve), née Evrard.	Legs de 300 liv. de capital.
1785	Beaumont, née Jarry.	Legs de 100 liv. de capital.
1786	Barbet, Alexandre.	Legs de 40.000 liv. de cap.

ANNEXE N° 5

NOTE SUR LA CHAPELLE DE L'HOPITAL DES ENFANTS TROUVÉS.

A l'origine les baptêmes avaient lieu généralement à l'église. Plus tard la maison de la Couche transférée parvis Notre-Dame eut sa chapelle, dont la première pierre fut posée en 1676.

On lit dans une délibération du 5 septembre 1684: « il a esté arresté qu'il n'y aura qu'un prestre avec M. Trinité (c'était le nom du chapelain) en la chapelle de la couche et qu'on y joindra un clerc pour ayder en la conduitte des enfans aux convoys; ledit sieur Trinité ayant promis de faire les baptêmes, les catéchismes, aux festes et dimanches, et prendre soin que l'instruction se fasse aux escolles. »

Le 3 août 1688 on bénit la chapelle qui a été agrandie.

Une nouvelle chapelle est construite en 1746 et la première pierre posée le 26 septembre, les curé et marguilliers de l'église Saint-Christophe « par délibération du 25 décembre 1746, réitérée par le concordat du 15 février 1747, donnèrent par aumône a l'hôpital des enfans trouvés les pierres et charpente qui proviendraient de la démolition de ladite église à l'exception des tombes, plomb et vitrage à la charge des frais d. de la d. démolition et aussy à la charge que les cendres et ossemens des deffunts enterrez dans ladite église de Saint-Christophe seront exhumez et inhumez dans le caveau de la nouvelle église des enfans trouvez pour y rester à perpetuité ».

Le dimanche 28 mars 1751 la bénédiction de cette chapelle fut faite par M. l'abbé de Coriolis, chanoine de l'église de Paris, vicaire général de Mgr l'archevêque, conseiller d'Etat et agent général du clergé.

Voici le procès-verbal de la pose de la première pierre.

Du lundi 26 septembre 1746.

« Les administrateurs de l'hôpital général de Paris et de celuy des enfans trouvés y uny, ayant consulté plusieurs médecins et chirurgiens, ont estés instruits que la maladie dont les enfants trouvés étoient attaqués provenoit du défaut d'air et de lieu pour loger le nombre des enfans exposez qui augmentoit tous les ans et qui depuis 1739 passoit celuy de trois mille par an. Le juste désir de conserver ces jeunes citoyens a fait prendre au bureau le party d'acquérir plusieurs maisons voisines pour procurer aux enfants trouvés de l'air et du logement et par là conserver leur santé et même leur vie.

Les maisons acquises ayant été démolies MM. les magistrats ont formé le projet de faire une place devant l'église de Notre-Dame et d'élargir les rues qui y conduisent pour en faciliter l'abord, dans le cas des cérémonies publiques. Dans ce projet la chapelle des enfans trouvés et leur ancien manoir se trouvaient supprimés, c'est ce qui a obligé de construire dans le nouveau bâtiment une chapelle pour remplacer celle qui devoit estre supprimée. Les administrateurs de l'hôpital des enfans trouvés ont été informés par une table en cuivre, qui leur a fait passer le monument de la piété de la reyne Marie-Thérèse d'Autriche, qui, en 1676, avait eu la bonté et la charité de poser la première pierre de l'ancienne chapelle des enfans trouvés. Cet exemple si honorable pour cet hôpital a donné de la confiance aux administrateurs et ils ont pris la liberté d'inviter la reyne a leur faire le mesme honneur en posant la première pierre de la nouvelle chapelle des enfans trouvés. La reyne, qui se livre avec zèle à toutes les actions de piété et de charité a accepté avec bonté la proposition; mais sa santé ne luy ayant pas permis de faire elle mesme la cérémonie, Sa Majesté s'est fait représenter par Mme la duchesse de Luyne, sa dame d'honneur, et Sa Majesté a nommé trois dames de la cour pour accompagner Mme la duchesse de Luyne.

Ces dames sont arrivées vers midy dans le carrosse de la reyne, elles ont été reçues à la descente du carrosse par MM. les administrateurs qui ont été au-devant d'elles.

Mgr l'abbé d'Harcourt, doyen de l'Eglise de Paris, accompagné de plusieurs de MM. les chanoines, a bien voulu honorer de sa présence la cérémonie et donner dans cette occasion à l'hôpital des enfans trouvés une marque singulière de son affection et de sa bonté; tous ces messieurs ont assisté à la cérémonie dans l'habit de chœur qu'ils portent les jours solennels; M. l'abbé de Saint-Exupèry, chanoine de l'Eglise de Paris et grand vicaire pour les maisons de l'hôpital général, a contribué à la solennité de cette cérémonie en voulant bien la faire, il y fut suivi de tout le bas-chœur de l'église de Paris.

La pierre avait été préparée pour recevoir une plaque qui conservât aux siècles les plus reculés ce monument de la piété de la reyne, la médaille de la reyne est incrustée au haut de la plaque et on y a gravé une inscription très simple.....

Inscription gravée sur la médaille de la reyne :

Marie, princesse de Pologne, reyne de France et de Navarre, représentée par dame Marie Brulart, duchesse de Luyne, sa dame d'honneur, a posé la première pierre de cette chapelle, le lundy vingt-six septembre 1746, en présence de madame de Cambise, de Talerand et de Roquépine, nommées par la reyne pour assister à la cérémonie. »

ANNEXE N° 6

Alimentation artificielle des enfants trouvés. Extrait du rapport de MM. les commissaires de la Faculté de médecine.

Doit-on supprimer les nourrices sédentaires à l'hôpital des enfants trouvés? Y a-t-il quelque inconvénient à cette suppression? Tel est l'état de la question proposée.

MM. les commissaires adoptent unanimement la résolution de supprimer les nourrices sédentaires à l'hôpital des enfants trouvés et approuvent les motifs qui ont conduit MM. les administrateurs à opérer cette suppression.

Loin de trouver aucun inconvénient à cette suppression projetée, ils n'y voient au contraire qu'un grand nombre d'avantages pourvu qu'on suive le régime prescrit par la délibération du 11 mai 1784 et les arrangements proposés à la fin du mémoire à consulter, sur lesquels néanmoins ils se permettent de faire les observations suivantes :

Art. 10. Ils désirent qu'au lieu de se servir des mêmes cuillers pour alimenter les enfans, quoiqu'il soit prescrit de les faire passer à l'eau chaude avant que de les faire servir à un autre individu, chaque enfant ait sa cuiller, son gobelet, son biberon, etc., sans pour cela négliger de tenir ces ustensiles dans le plus grand état de propreté.

Suivent des observations sur la disposition des salles, la ventilation des latrines. (*On doit établir des cuvettes* dites *demi-anglaises*.)

« Décret de la faculté de médecine de Paris. L'an 1788 le second jour du mois de may la faculté de médecine de Paris assemblée en ses écoles supérieures pour son *prima mensis* à cinq heures de relevée, ayant entendu la lecture du rapport de MM. les commissaires au sujet d'une question qui leur était proposée par MM. les administrateurs de l'hôpital des Enfants-trouvés, elle a été unanimement du même avis que MM. les commissaires et a statué que son doyen ferait passer sa réponse à MM. les administrateurs dudit hôpital et j'ai conclu avec elle ; signé Edme, Claude Bourru *doyen.* »

Voir dans le même ordre d'idées : « Rapport sur les moyens d'élever les enfans trouvés, on y a joint des extraits de différents mémoires (avec une consultation de la faculté de médecine de Paris sur le même sujet). In 4°, Paris, 1780, 42 p. »

ANNEXE N° 7

CAUTIONS A FOURNIR POUR LES MENEURS.

Extrait des registres des délibérations du bureau de la Couche

Séance du 19 *avril* 1752.

« Ce jour le sieur Desvignes, marchand grainier à Paris, s'est présenté au bureau et a représenté qu'en l'année 1740 il s'est rendu caution envers le bureau du nommé Martin Thibault, laboureur et meneur des nourrices des enfans trouvés demeurant à Thory diocèse d'Amiens, des sommes et des hardes des enfants qui luy seroient confiez jusqu'à concurrence de *douze mille livres*, suivan-acte passé devant Me Sancerre et son confrère notaires à Paris le 2 may de la même année 1740, qu'ayant apris que le sieur Thibault était hors d'état par son grand âge et ses infirmités d'exercer la commission de meneur de nourrices il ne peut continuer d'être sa caution et suplie le bureau de vouloir bien l'en décharger. Le dit sieur Desvignes a en même temps représenté au bureau que le nommé Adrien Thibault âgé de 46 ans, fils du dit Martin, étably en la même paroisse de Thory est en état de remplir la commission de meneur au lieu et place de son père, que s'il plaisoit au bureau de donner son agrément au dit Adrien Thibault, pour cette commission il offroit de se rendre sa caution aux mêmes charges et conditions et pour la même somme de douze mille livres, portée en l'acte de cautionnement de Martin son père cy-dessus datté.

« Le sieur Desvignes retiré, la sœur supérieure a été priée d'entrer au bureau, ou estant, le bureau lui a fait part des représentations faites par le sieur Desvignes caution de maître Thibault meneur, et des raisons par lui alléguées pour ne plus continuer son cautionnement et d'en demander la décharge, a quoy la sœur supérieure a répondu quelle pouvoit assurer le bureau que depuis plusieurs années Martin Thibault meneur venoit rarement à Paris et que le petit nombre de nourrices de son département pour prendre des enfants étoit amené et conduit par Adrien Thibault son fils, qui exerce la commission pour le père âgé et infirme, que depuis que le dit Thibault fils fait la commission pour son père elle a remarqué qu'yl s'en est acquitté avec beaucoup de zèle et d'exactitude.

« Le bureau accepte se réservant de donner au dit sieur Desvignes la décharge par luy demandée du cautionnement de Thibault père, après l'examen qui sera fait des comptes que doit rendre au bureau le dit Martin Thibault des sommes et des enfants qui lui ont été confiés. »

ANNEXE N° 8

ACTES DE DÉCÈS DES ENFANTS TROUVÉS;
OBLIGATIONS DE LA MAISON DE LA COUCHE.
EN CE QUI CONCERNE LA DÉLIVRANCE DE CES ACTES.

Registres des délibérations du bureau de la Couche.
Samedy 5 septembre 1711.

J'ay faist mention dans le présent registre pour servir cy-après de règlement, qu'ayant été envoyé de la maison de la Salpêtrière en celle de la Couche un enfant masle né en ladite maison de la Salpêtrière le 1er juillet 1700, fils de la nommée Marie Nicole de Villers, détenue en ladite maison, baptisé en l'église d'y celle le même jour, suivant le certificat de la sœur supérieure, de l'ordre de monsieur Collin du même jour, lequel enfant ayant été mis en nourrice, il est mort depuis le trentiesme septembre de l'année 1710; duquel décès plusieurs personnes étant venues a la Couche pour en avoir le certificat on leur a refusé, parce qu'il n'est point d'usage d'en donner aucun, mais d'autant que par raison de cet enfant il y a une instance aux requestres du Palais, et qu'il est intervenu une sentence qui a ordonné qu'il sera justifié du décès, cela m'a donné occasion de voir mercredy dernier, deux du présent mois de septembre, Mgr le procureur général pour savoir de quelle manière on debvroit se conduire en cette affaire, attendu que l'on menaçoit de faire compulser les registres de l'hopital. Auquel ayant faict rapport de ce que dessus, Mgr le procureur général a fait réponse que l'on ne devoit pas donner à la Couche de certificat du décès des enfants, mais seulement indiquer le lieu ou les enfants auroient été donnés en nourrice pour retirer par ceuz qui peuvent y avoir intérest des certificats de mort et d'inhumations, dont ils feront comme ils jugeront bon estre.

Signé : DE PARIS,
administrateur.

ANNEXE N° 9

Visite des nourrices lors de leur arrivée à la Couche.

Délib. 25 juin 1681. « A esté arresté qu'il ne sera donné aucun enfant aux nourrisses qu'elle n'ait esté visité par le chirurgien qui sera a ce commis. »

Déliber. du 11 décembre 1728. « Et comme il arrive que les meneurs amènent plusieurs nourrices à la fois la sœur aura grande attention de faire visiter ces nourrices pour voir si elles ont du lait pour quoy on ne saurait trop avoir de circonspection. »

Règlement de 1774 art. 1er, §. III (Code p. 364). « Nonob stan la représentation des certificats par les nourrices, leur lait sera visité et examiné le jour ou le lendemain de leur arrivée par des sœurs commises à cet effet ; et incontinent après cet examen es nourrices admises déposeront leurs certificats au bureau où ils seront enliassés et mis dans des cases distinguées par meneurs pour servir à l'enregistrement des nourrices au bureau. Et pour prévenir toute méprises de la part de celles qui auront été refusées la sœur qui aura examiné le lait mettra *son visa* au dos des certificats des nourrices approuvées. »

ANNEXE N° 10

Délibérations relatives aux vêtements accordés aux enfants trouvés, antérieurement au règlement de 1774.

Délibération du 25 *avril* 1674.

A esté arresté qu'il sera payé, outre les deux sols convenus pour la façon de chacune robbe des enfans trouvés faittes à la Salpetrière, il sera payé le fil et le galon séparément.

Délibération du 7 *febvrier* 1675.

Mme Baudouin a fait fournir ce matin aux services deux cents cinquante-trois pacquets de linge nécessaires pour les enfans en maillot, et c'est trouvé au magasin deux cent cinquante petites brassières pour en mettre une à chacun desdits maillots et encore il s'est trouvé audit magasin cinq cents langues d'estoffe de laine pour en mettre deux à chacun desdits pacquets, comme aussy deux cent cinquante couvertures de gros drapt gris qui est un pour chacun desdits pacquets; chacune desquelles il sera mis un bonnet de ceux qui sont audict magasin de la deslivrance desquels pacquets il en sera tenu registre.

Ledit jour, Mme Baudouin a délivré aux sœurs cent dix-neuf pacquets de toute sorte de linge pour les enfants du premier âge.

Ladite dame a esté prié d'achepter des draps pour achever de fournir les pacquets des 1568 chemises qui sont en ses mains.

Ladicte dame a esté priée d'achepter 600 *corps* pour lesdits enfans.

Délibération du 9 *août* 1702.

Dudit jour, en présence de Mme Voisin, supérieure de cette maison et plusieurs autres dames charitables.

Ayant esté proposé d'entrer dans le détail des hardes que l'on fournit aux nourrices de la campagne pour les enfans qu'on leur donne à nourrir, et de ce qu'elles coustent. Il s'est trouvé que le pacquet que l'on donne pour les enfans en maillot consistant en une couverture de laine, deux langes, l'un de laine, l'autre de couverture, deux langes picquez, six couches, quatre chemises en brassière, quatre tours de col, quatre béguins, quatre bandes, un bonnet, une brassière de drap revient à la somme d'onze livres dix-huit sols; il a esté arresté de l'advis desdites dames d'adjouster quatre cornettes à la fourniture cy-dessus, qui cousteront, vingt sols, ainsy le pacquet du maillot reviendra à l'advenir à 12 l. 18 s.

La vesture du premier âge, consistant en une robbe, une chemisette tricottée, un bonnet et des bas de laine, quatre chemises, des souliers, deux béguins, deux tours de col revient à six livres. 16 sols.

Il a esté arresté d'adjouter à l'advenir deux cornettes qui couteront dix sols et trois paires de chaussettes qui couteront six sols, ainsi la première vesture coutera sept l. 12 sol.

La deuxième vesture consistant en une robbe, un cotillon, un frizon, deux chemises, deux souliers, un bonnet, des bas, deux béguins, deux tours de col, revient et couste six livres un sol, 6 l. 1. sol.

La troisième vesture consistant en une robbe, un cotillon, un frizon, deux chemises, deux souliers, un bonnet, des bas, deux béguins, deux tours de col, couste six livres. Il a esté arresté d'y adjouter à l'advenir deux cornettes et deux paires de chaussettes, ce qui coustera quinze sols, ainsy une troisième vesture coutera 7 l. 7 s.

La quatrième vesture est du même prix que la troisième, à la réserve que la robbe couste cinq sols davantage, 7 l. 12 s.

Il a esté arresté sur ce pied de compter à l'advenir ces fournitures faittes ou à faire aux enfans de cet hopital autrement que l'on n'a fait jusqu'à présent.

Délibération du mercredy 9 juillet 1704.

Sur ce que la sœur Le Roy a représenté au bureau que depuis quelque temps Jaques Vautrain, md. cordonnier en vieux, demeurant sur le pont de l'Hostel-Dieu, avait discontinué la chaussure des enfans de cette maison, parce qu'il prétendoit que l'on luy devoit faire une augmentation à cause de la charté du cuir, elle se seroit informé de plusieurs autres cordonniers pour sçavoir s'ils vouloient entretenir la chaussure desdits enfans au mesmes priz qui avoit esté cy devant convenu avec ledit Vautrain, mais n'en ayant trouvé aucun, il a esté arresté d'envoyer chercher ledit Vautrain qui est venu et s'est engagé et a promis pendant six années consécutives, à commencer de cejourd'huy, d'entretenir les enfans de la Couche de chaussures, leur fournir les souliers dont ils auront besoin et les resemmeller lorsqu'il sera nécessaire, en sorte que lesdits enfans soient toujours bien chaussés, commodément et à sec, pour le priz en somme, sçavoir neuf livres pour chacune année pour chacun des enfans grands et moyens, et quatre livres pour chacun des enfans au dessous et jusqu'à l'âge de dix ans et a signé :

JACQUES VAUTRAIN.

Délibération du 15 avril 1711.

Sur ce que la sœur Guérin a représenté au bureau que le sieur Vautrain, avec qui on avait fait un marché pour l'entretien de chaussures des enfans de cette maison, ayant discontinué de servir avec la mesme fidélité que par le passé on avait esté obligé d'en prendre un autre nommé François Durand, demeurant au faubourg Saint-Antoine, qui a entrepris, depuis le 9 juillet de l'année dernière 1710, la chaussure des enfans à raison de six livres pour chacun des enfans tant grands que petits, mais sur ce qu'il a fait connaître que le dit marché lui estoit onéreux, il a esté arrêté et convenu avec lui qu'à commencer du 1er janvier de cette année il lui sera payé pour la chaussure de chacun enfant, tant grand que petit, la somme de 6 l. 10 s., et ce pendant 2 années qui finiront au dernier décembre 1712, en foy de quoi il a signé avec nous.

Délibération du 10 juillet 1752.

M. Ravault a dit que le sieur Garbe, maître cordonnier à Paris qui a gagné sa maîtrise dans l'hôpital général et qui est étably rue de la Harpe, suplie le bureau de luy accorder la pratique de l'une des maisons des enfans-trouvés ou celle des enfants rouges.

Qu'yl parroit juste lorsque les gagnants maitrises de l'hôpital sont reçus maîtres et qu'yls s'établissent à Paris de leur donner a travailler pour les maisons de l'hôpital général surtout lorsqu'ils sont capables et en état de faire le service et qu'yls se sont bien comportés dans l'hôpital durant les 6 années de leur temps pour y gagner leur maitrise.

Délibération du 10 novembre 1752.

Le dit jour 10 novembre le bureau tenant, demoiselle Augustine Poullier fille majeure exerçant la profession de fabriquant de bas et de bonnets est entrée au bureau et a représenté que sa mère, veuve en première noce du sieur Poullier marchand bonnetier fabriquant, et en secondes du sieur Richard aussi marchand bonnetier fabriquant, qui depuis plus de 40 ans avait la pratique des deux maisons des enfans trouvés étant décédée depuis peu de jours, elle supplie le bureau de vouloir bien lui continuer cette pratique se soumettant de fournir les deux maisons avec la même exactitude et le même attachement qu'avait fait sa mère. La demoiselle Poullier retirée, sur les bons témoignages qui ont été rendus par les supérieures des deux maisons des enfants trouvés et par M. Duchesne économe des deux maisons tant de l'exactitude, fidélité et désintéressement avec lesquels la dame veuve Richard avoit toujours servy l'hospice que de la sagesse et capacité de la demoiselle Poullier sa fille, le bureau a accordé à ladite demoiselle Poullier la pratique des deux maisons des enfants trouvés pour les fournitures de bas et de bonnets nécessaires tant pour les enfants des deux maisons que pour ceux qui sont en nourrice et en sevrage à commencer de ce jour.

Délibération du 3 *juin* 1755.

M. Ravault commissaire de cette maison et de celle de la Salpêtrière a dit que les enfants qui naissent dans la maison de la Salpêtrière et que leurs mères ne peuvent nourir sont envoyez dans celle des enfans trouvez pour y être nouris et élevez comme les autres enfans de leur âge. Que la maison de la Salpêtrière en envoyant ces enfans fournit à chacun une petite layette que l'on garde au enfans trouvez ce qui occasionne une dépense que la Salpêtrière n'est point en état de suporter à cause du grand nombre d'enfans qu'elle y envoye chaque année.

Que comme la maison des enfans trouvés fournit à chacun de ces enfans à leur arrivée la layette ordinaire de la maison et que celle de la Salpêtrière luy devient inutile, il propose au bureau de faire rendre par les enfans trouvez à la maison de la Salpêtrière la layette qu'elle fournit à chacun des enfans qu'elle y envoye ce qui sera un soulagement pour la Salpêtrière et ne portera aucun préjudice à la maison des enfans trouvez.

Arrêté conforme.

ANNEXE N° 11

Visite des enfants trouvés dans leurs placements par les sœurs de la maison de la Couche.

PIÈCE N° I.

30 *juillet* 1670.

Sur se rosle les dames y trouveront, 1 le certificat du curé, 2 le jour que les sœurs ont visité les enfans en cette paroisse, 3 le nombre des enfans, 4 le nom et hameau de la nourice de chacun, 5 le jour, mois, et an qu'il a esté mis en nourisse, 6 certaines lettres qui marquent en particulier l'état présent de l'enfant. Et ceux que l'on a trouvé assés forts pour estre raportés à l'hospital.

Aux dames de la charité, sœurs Nicole Haran, Louise le Fenbar, Françoise Hugot.

Raport de la visite, état et nombre des enfans de l'hôpital, des enfants trouvés de Paris.

	Nombre des enfans.
Dans l'hôpital.	180
En nourice au champ.	677

400 à 5 livres, scavoir par mois, et le reste en pension à 4 livres par mois.

L'on a trouvé tous les enfans des champs assez bien soignés, à la réserve de dix que l'on a au mesme temps ostés aux norisses qui les négligeoient, et donnés à d'aultres qui en auront plus de soing.

On remarque que du costé de Normandie ou il s'en est trouvé près de 400, sont beaucoup mieux nouris que ceux qui sont du costé de Picardie ou il s'en est trouvé environ 222.

Le reste est dans le voisinage de Paris, environ 24.

On a reçu depuis la visite commencée 65 enfans.

Remarques et fruicts de la visite.

1° . . . .

. . . . a fait faire un faulx certificat de M. le viquaire de Sainte-Gennevièvе de Vernon ; et a receu treize mois de la pension d'un enfant qui estoit mort, quel remède.

2° MM. les curés et leurs vicaires ne veulent pas enterrer les enfans mors sans un certificat du curé qui les a baptisés, peut-être cela iroit-il à demander le payement des enterrements.

3. Plusieurs ne veulent pas signer les certificats des nourices leurs paroissienes, et ont néant moins signé sur le rosle de la visite, et cela dassés bonne grâce.

PIÈCE N° II.

Séance du 5 avril 1682.

Messieurs sont invités de s'informer s'il ne se peut point trouver deux femmes de charité auxquelles on donnera une rétribution honneste pour aller visiter les enfans qui sont en nourrice et ceux qui les connaîtront prendront la peine d'en donner advis au bureau.

PIÈCE N° III.

Séance du 13 mai 1693.

Sur l'avis donné au bureau de la nécessité qu'il y auroit de faire visiter les enfans chez leur nourisse afin de pourvoir aux négligences et inhumanitez qu'en souffrent les dits enfants et particulièrement les nourissons qui ont esté à *Riacan* (?) et autres bourgs du comté d'Eu. Le bureau a jugé a propos de donner comission à Anthoinette Pinar veuve, âgée de 52 ans, native d'Ecouaïs de visiter les dits enfants chez les nourisses et de les changer suivant le besoin par le conseil et de concert avec la sœur Anne Jumel, supérieure des filles de la charité à Blangy et pour subvenir aux frais de voyage que la dite Pinar sera obligée de faire en sa visitte le bureau luy a accordé 40 livres par chacun enfant.

PIÈCE N° IV.

Séance du mercredi 31 *octobre* 1703.

Aujourd'huy la sœur Charlotte Prignet et la sœur Anne le Roux qui estoient parties le samedy 23 juillet de la présente année pour faire la visite des enfants en nourrice, sont revenues de ce voyage pour lequel elles ont dépensé tant pour le louage de deux chevaux leur nourriture et celle des hommes qui les ont conduit, que pour les certificats des enfants morts et autres frais par elles faicts pour retirer des mains des nourrices les paquets des enfans morts, la somme de quatre cent cinquante et une livres.

Elles ont retiré des mains des nourrices cent quatre-vingt-dix-neuf paquets d'enfants morts outre et non compris vingt-trois paquets quelles ont laissé entre les mains des dites nourrices qui sont venues prendre pareil nombre d'enfans au lieu et place de ceux qui estoient morts entre leurs mains.

Elles ont rapporté aussy quinze procès-verbaux de visittes scavoir:

Le 1er	de la Gabelle	de Péronne.
Le 2[e]	—	de Roye
Le 3[e]	—	de Noyon en Compiègne.
Le 4[e]	—	de Mondidié.
Le 5[e]	—	d'Evreux.
Le 6[e]	—	de Gournay.
Le 7[e]	—	des Andelys en Gisors.
Le 8[e]	—	de Vernon.
Le 9[e]	—	de Louviers.
Le 10[e]	—	de Granvilles.
Le 11[e]	—	de Beauvais en Clermont.
Le 12[e]	—	de la ville d'Eu.
Le 13[e]	—	de Neufchatel.
Le 14[e]	—	d'Aumalle.
Le 15[e]	—	du Bourg d'Ault.

PIÈCE N° V.

Bureau de l'hôpital général.

Séance du 21 *juillet* 1703, *tenue au palais archiépiscopal.*
(Code de l'hôpital général, p. 338.)

L'attention continuelle que l'on a pour la conservation des Enfants-Trouvés ayant fait juger nécessaire et important de continuer les visites qui se font de temps en temps des Enfans-Trouvés mis en nourrice à la campagne, tant pour s'assurer de l'état desdits enfans, que pour être informé du soin qu'en prennent les nourrices et de la santé desdits enfans.

Le Bureau a arrêté que ladite visite sera faite, et que messieurs les directeurs commettront pour la faire deux des sœurs de la charité, du nombre de celles chargées du soin de la maison de la couche des enfans trouvés, qui se transporteront sur les lieux, incessamment avec les ordres, pouvoirs et précautions nécessaires.

Suit la signature du greffier.

Texte de la commission donnée aux sœurs pour les visites.

Nous soussignés directeurs de l'hôpital général de cette ville de Paris et de celui des enfans trouvés qui y est uni, conformément à ce qui a été arrêté au bureau général dont l'extrait est cidessus avons commis et commettons sœurs
filles de la charité, du nombre de celles chargées du soin de la maison de la Couche desdits enfans trouvés, pour se transporter incessamment, accompagnées de personnes vulgairement appelées meneurs ou meneuses de ces nourrices, dans les villes, bourgs, villages et hameaux, où lesdits enfans sont en nourrice, dans les provinces de Picardie, Normandie, et ailleurs, contenus dans les états qui leur en seront donnés, se faire représenter lesdits enfans par ceux qui en sont chargés, pour connaître s'ils sont en bon état, si les nourrices ont suffisamment du lait, si elles ont grand soin desdits enfans et les tiennent proprement, si elles conservent bien leurs hardes et les raccommodent lorsqu'il en ont besoin, se faire assister des chirurgiens et de sages-femmes si elles le jugent à propos, pour examiner et visiter lesdites nourrices et enfans; retirer ceux desdits enfans qu'elles croiront de voir être changés; retirer aussi leurs hardes, leur suppléer s'ils en ont besoin, pour remettre lesdits enfans et hardes entre les mains d'autres meilleures nourrices, aux prix et conditions ordinaires, et si pour retirer lesdits enfans et hardes il y avoit refus ou résistance de la part desdites nourrices, leurs maris ou autres, et que lesdites sœurs ne pussent s'en faire faire raison par elles-mêmes, requérir comme nous requérons, messieurs les juges et autres officiers de justice et de police des lieux, de les assister de leur autorité pour leur faire rendre justice; lesdits hôpitaux étans sous la protection du roi qui les a fondés, et nous a établis pour les diriger et conserver; requérir aussi messieurs les curés des lieux de leur délivrer charitablement et gratuitement les extraits de ceux desdits enfans qui seront morts et auront été enterrés dans leurs cimetières, afin que nous en puissions faire décharger les registres de leurs réceptions; nous espérons que lesdits sieurs curés, juges et autres officiers qui seront requis, voudront bien charitablement assister lesdites sœurs de leurs secours et protections dont nous les prions et en foi de quoi nous avons signé ces présentes et scellées, fait contre-signer par les greffiers du bureau, et sceller du

scel dudit hôpital à Paris ce vingt-troisième jour de juillet 1703. (Suivent les signatures.)

PIÈCE N° VI.

Séance du 5 septembre 1705.

Deux sœurs parties le 3 septembre et revenues le 31 octobre ont dépensé 317 l. 11 s. visite de la province de Normandie.

Séance du 12 mai 1706.

Deux sœurs (visite de Picardie) du 12 mai au 25 juillet ont dépensé 289 l. 15 s. etc.

Séance du 12 octobre 1712.

La visite de la province de Picardie faite, par les sœurs Jeanne Raffron et Jeanne de Rieu est abrégée « en raison du danger qu'il y avoit sur les chemins à cause de la guerre. »

ANNEXE N° 12

Autorisations royales permettant à tout nourricier d'un enfant trouvé mâle de le présenter pour le tirage de la milice à la place d'un de ses fils ou parents.

Registre des délibérations du bureau de la maison de la Couche (registre de 1760 à 1770, f°. 22. verso).

Mardy 28 *avril* 1761

M. Ravault, directeur et administrateur de l'hôpital général et de celui des enfans trouvés y uni a dit que le bureau de l'administration de l'hôpital général tenu à l'archevêché le 7 janvier dernier avait approuvé par délibération du même jour le projet d'un règlement proposé par la commission établie par l'administration pour aviser aux moyens de soulager l'hôpital et de diminuer ses charges ; que ce règlement qui avoit pour objet les enfants trouvés, d'en procurer la conservation et de les rendre utiles à l'Etat, avoit été reçu favorablement des ministres et du public, que le Roy avoit même eu la bonté d'en marquer sa satisfaction en accordant aux chefs de famille qui se chargeront de l'éducation des enfants trouvés mâles, la liberté de dispenser de tirer à la milice leurs enfants propres, frères ou neveux vivants dans leur maison, ou à leur charge, et de faire admettre à tirer au sort de la milice a leur lieu et place autant d'enfans trouvés mâles qu'ils en auront élevés et qu'ils auront d'enfans propres, frères ou neveux dans le cas de tirer au sort, pourvus que les enfants trouvés, que les chefs de famille présenteront soient parvenus à l'âge de 16 ans et qu'ils ayent toutes les qualités nécessaires pour porter les armes.

Que M. le Duc de Choiseul, ministre et secrétaire d'Etat avoit informé M. l'archevesque de Paris par sa lettre du 5 du présent mois d'avril, que Sa Majesté avoit accordé cette grâce dans la vue d'augmenter la population des provinces et de favoriser la culture des terres, avantages que doit procurer l'exécution du règlement.

Que le ministre avoit joint à sa lettre, copie de celle qu'il avoit écrite le même jour 5 de ce mois par ordre du Roy à MM. les intendants des provinces pour les informer, que Sa Majesté avoit accordé cette grâce non seulement par rapport aux enfants trouvés sortant de l'hôpital général de Paris, mais encore par rapport à tous ceux, qui étant à la charge des autres hôpitaux, communautés ou seigneurs dans les provinces du Royaume auront été confiés par eux à des chefs de famille sous les mêmes conditions.

Que cette bonté du Roy est une preuve bien certaine de la protection que Sa Majesté accorde à l'exécution du règlement de l'administration; qu'il sagissoit d'en instruire le public, en faisant imprimer, pour joindre à la délibération et au règlement, la lettre de M. le duc de Choiseuil à MM. les intendants des provinces, ce ministre ayant bien voulu le permettre suivant sa lettre du 17 avril a M. l'archevesque.

M. Ravault a ajouté qu'il s'agissoit aussi de la part du bureau des enfants trouvés de s'occuper des moyens de faire exécuter le règlement et il a observé que par l'article 3 il a été arrêté qu'il seroit payé par l'hôpital général à ceux qui se chargeront de l'éducation des enfants trouvés depuis l'âge de 6 ans la somme de 40 livres par an pour chaque garçon jusqu'à douze ans et 30 livres depuis douze ans jusqu'à quatorze accomplis; et qu'à l'égard des filles il seroit aussi payé 40 livres par an pour chacun jusqu'à l'âge de 16 ans accomplis étant à présumer que les garçons parvenus à 14 ans et les filles à 16 seront alors en état d'être utiles à ceux qui s'en chargeront, qu'en ce cas il est de la justice du Bureau d'engager ceux qui s'en chargeront à leur donner des gages par an et une récompense proportionnée à leurs services lorsqu'ils sortiront de chez les bourgeois et les maitres qui s'en chargeront, que par le même article 3 du règlement, il avoit aussi été arrêté que les enfants trouvés seroient confiés aux bourgeois, laboureurs, marchands, artisans et autres qui les demanderont pour les élever depuis l'âge de 6 ans jusqu'à l'âge de 25 ans accomplis.

Qu'il étoit nécessaire d'observer que le Roy en accordant à un chef de famille qui se chargera de l'éducation d'un enfant trouvé mâle la liberté de le présenter pour le tirage de la milice au lieu et place de son enfant propre, frère ou neveu, n'a eu en vue que les garçons qui auront été élevés dès leur bas âges sortant de sevrage par le chef de famille et qui seront parvenus par ses soins à l'âge de 16 ans avec toutes les qualités nécessaires pour porter les armes.

Qu'il est de la sagesse du Bureau de prendre les arrangements les mieux concertés, pour qu'il n'y ait point d'abus dans l'exercice de ce privilège ; ce qui arriveroit s'il avoit la complaisance de se prêter aux chefs de famille qui demanderoient ces enfants trouvés mâles de l'âge de douze à quatorze ans, afin de s'en servir pour procurer à son enfant propre, frère ou neveu approchant du même âge, l'exemption de la milice à l'âge prescrit par les ordonnances.

Que l'article 5 du règlement porte que ceux qui désireront se charger d'un ou plusieurs enfants trouvés seront tenus de s'adresser par eux ou leurs fondés de procuration spécialle, au Bureau des enfants trouvés à Paris et de justifier par le certificat de M. leur curé duëment légalisé, de leurs bonnes vie et mœurs et qu'ils sont en état de loger, nourrir et entretenir lesdits enfans, de leur aprendre ou faire aprendre un métier ou de les occupper à des ouvrages de campagne convenables à leur sexe et de leur donner une bonne éducation.

Que l'article 7 contient des dispositions relatives à celles du cinquième article.

Que le Bureau ayant étably des meneurs ou commissionnaires dans differentes provinces, principalement en Normandie, Picardie et en Bourgogne pour donner leurs soins aux enfants qui sont en nourice et au sevrage, veiller sur la conduite des nourices qui en sont chargées, de faire chez elles des visites tous les mois et d'en rendre compte à l'administration des enfants trouvés. Il paraîtroit convenable d'indiquer ces mêmes meneurs ou commissionnaires pour recevoir les soumissions de ceux qui voudroient se charger de l'éducation des enfants trouvés, mais qui n'ayant point de relations à Paris se trouveroient embarassés pour faire parvenir leur demande au Bureau ; la correspondance qui seroit établie avec ces mêmes meneurs leur en faciliteroit les moyens, et les meneurs auroient ordre d'informer exactement le Bureau des noms de ceux qui se présenteroient à cet effet, de leur état, profession, facultés et de leur bonne réputation, et le Bureau sur ces connaissances prendroit les délibérations nécessaires.

Qu'à l'égard des villes et des provinces où il n'y a point de meneurs établis pour les enfans trouvés il y a lieu d'espérer que MM. les intendants et MM. les subdélégués voudront bien accorder leurs bons offices pour le succès d'un règlement aussi intéressant pour le bien public.

M. Ravault a ajouté que Sa Majesté n'ayant accordé l'exemption que relativement aux enfans trouvés mâles, le Bureau pourroit craindre de trouver moins de facilité à placer les filles en ce qu'elles ne procureront point ce privilège, mais qu'elles peuvent être très utiles non seulement dans les campagnes pour les ouvrages des champs, convenables à leur sexe, mais même dans les villes et bourgs où il y a des manufactures établies ; que les entrepreneurs de ces manufactures retireroient des filles comme des garçons un secours nécessaire à leur commerce en les faisant travailler et ne faisant d'autre dépense pour ces enfans que la nourriture, entretien journalier et l'éducation ; jusqu'à ce que ces enfants étant instruits fussent en état de gagner par eux-mêmes la rétribution qu'exigeroit leur travail.

Que lorsqu'il se présentera de ces entrepreneurs pour se charger des enfants trouvés de l'un ou de l'autre sexe, le Bureau prendra avec eux les arrangements qui conviendront pour le bien et l'avantage de ces enfants (1).

(1) Voir les autres pièces relatives à cette affaire au Code de l'hôpital général, p. 343 et suivantes.

ANNEXE N° 13

Placement d'enfants dans des manufactures.

PIÈCE N° I.

Envoi d'enfants chez M. Moreau, directeur des fermes du roy. — Etablissement d'une école royale d'agriculture à la Rochette près Melun.

Lettre de M. Moreau en date du 30 juin 1765.

Melun, 30 *juin* 1765.

Monsieur,

J'ay différé de vous donner des nouvelles de nos petits cultivateurs, parce que je voulois pouvoir vous dire quelque chose de positif sur mon entreprise qui jusqu'à présent se soutient trèsbien ; ils sont fort contents et se portent à merveille, je n'ai point encore eu de malades. M. l'Intendant m'a fait l'honneur de venir dîner à la Rochette, il y a quinze jours ; il les a vus tous et a été très satisfait du détail de leurs occupations et de leur travail. Il y a lieu de croire que cet établissement-cy pourra nous mener à quelqu'autre encore plus interressant.

Les petits différents qui surviennent quelquefois entre ces enfans ne portent point, comme vous l'a dit M. de Boisemont, sur ce que les batards méprisent les enfans trouvés, mais en ce que les enfans de la maison du faubourg Saint-Antoine se croyent plus gros seigneurs que ceux de la Pitié où l'on ne met, disent-ils, que les méchants et les galleux ; je ne souffre pas ces petites discussions parce que toutes vérités ne sont pas bonnes à dire, mais dans le fait, je trouve beaucoup plus de douceur dans les enfans de la maison de Saint-Antoine, et j'en suis beaucoup plus content que de ceux de la Pitié.....

PIÈCE N° II.

Délibération du 31 juillet 1786.

M. Magimel a dit que les entrepreneurs de la manufacture de tricot anglais établie dans l'ancien couvent des dames de Popincourt, ont eu l'honneurde s'adresser au bureau pour demander six enfants trouvés âgés de 14 à 16 ans, ayant fait leur première communion, de grandeur et de force raisonnable pour être employés aux métiers de cette fabrique.

Ils se proposent même d'en demander un plus grand nombre par la suite, mais comme avant que de statuer sur cette demande vous avez désiré connaître s'il en résulteroit un avantage réel pour les enfans confiés à vos soins et qu'elles seroient les conditions de cet arrangement, vous avez chargé M. de la Motte et moi de nous occuper de ce soin et de vous en rendre compte. Nous avons eu en conséquence différentes conférences avec les entrepreneurs, et d'après la certitude que nous avons acquise que cette proposition ne pourroit qu'être avantageuse aux enfans, nous avons réglé les conditions sous lesquelles ils leur seraient remis et qu'ils ont acceptées.

1° Seront tenus lesdits entrepreneurs de nourrir, loger, chauffer, éclairer et entretenir honnêtement les enfans qui leur seront confiés, lesquels, selon leurs désirs, ils conserveront jusqu'à l'âge de 25 ans.

2° S'engageront de veiller à ce qu'ils remplissent exactement leurs devoirs de religion.

3° Auront la plus grande attention à les loger dans un endroit salubre et spacieux.

4° Chargeront spécialement une personne de confiance de veiller tant à la propreté de leurs dortoirs qu'à ce qu'il ne s'y passe rien de contraire au bonnes mœurs.

5° Auront soin d'eux dans les maladies et leur fourniront dans l'intérieur de ladite manufacture tous les secours nécessaires temporels et spirituels.

6° Payeront lesdits entrepreneurs à la caisse de l'hôpital une somme de 60 livres pour chaque année, pour chacun desdits enfans qui leur ont été fournis et jusqu'à ce qu'ils aient 25 ans lesquelles sommes seront placées à leur profit au Mont-de-Piété pour le montant et les intérêts leur être remis lors de leur sortie de la manufacture.

7° Seront tenus de donner aux enfans, dès leur entrée, le vêtement entier qu'ils devront avoir pendant leur séjour dans la manufacture et de renouveller cedit vêtement de telle sorte que sans être neuf, ils puissent encore s'en servir lors de leurs sorties.

8° Si aucuns des enfans dont ils seront chargés montrent de l'indocilité ou de l'incapacité, les entrepreneurs seront tenus d'en prévenir le bureau dans les 6 premiers mois de leur entrée, qui les remplacera par d'autres, mais passé ce tems ils en seront plus reçus à proposer ladite substitution.

9° Sera loisible au bureau de députer au des directeurs pour visiter lesdits enfans comme aux entrepreneurs de requérir l'assistance et l'autorité du bureau pour réprimer des actes de licence outrée si aucuns se commettoient par lesdits enfans.

10° Ne pourront les entrepreneurs employer lesdits enfans à aucun autre service que celui qui a rapport aux ouvrages de la manufacture ou à la *fabriquation* des métiers si quelques uns d'entre eux montrent des dispositions pour ce genre d'ouvrage.

11° Seront au surplus messieurs les entrepreneurs invités de concourir ainsi qu'ils se le proposent par des gratifications au plus grand bien et avantage desdits enfans.

ANNEXE N° 14

RETRAITS D'ENFANTS TROUVÉS PAR DES PARENTS OU BIENFAITEURS.

PIÈCE N° 1.

Remise à des parents moyennant remboursement.

22 *mars* 1752.

Ce jour le bureau tenant s'est présenté Anne Le Roy, femme de François Le Cocq maître boulanger à Paris accompagnée de Dlle Marie-Madeleine Voillerot, maîtresse sage-femme, veuve de Louis Boudin laquel a représenté que le 27 aoust dernier elle est accouchée d'une fille qui a été baptisée le même jour en l'Eglise de Saint-Jean en Grève et nommée Estiennette. Que se trouvant alors hors d'état de nourir ladite Estiennette sa fille et de payer les mois de nouriture elle auroit prié ladite Vve Boudin qui l'avoit accouchée de la faire porter à l'hôpital des enfans trouvés ou elle a été receüe le même jour 27 aoust en vertu du procès-verbal et ordonnance de Me Regnaudet commissaire au Châtelet dudit jour, qu'ayant dissimulé a son mary et à leurs parents l'envoy qu'elle avoit fait de son enfant aux enfans trouvés ils sont tous dans la confiance que cet enfant est en nourrice aux environs de Paris; qui se trouvant aujourd'hui en état de le nourrir et élever, elle désiroit le retirer dudit hôpital des enfans trouvés et ayant apris par la recherche qu'elle a fait faire dans les registres dudit hôpital que ladite Estiennette Le Cocq sa fille est existante elle supplie le bureau de vouloir bien la luy faire rendre pour l'élever et luy donner une éducation convenable se soumettant de payer les dépenses que ledit hôpital a fait pour la nourriture et l'entretien de ladite fille depuis le 27 aoust dernier, jour de sa réception dudit hôpital et de décharger ledit hôpital de ladite fille. A l'instant ladite Anne Le Roy a représenté au bureau l'acte de célébration de son mariage avec François Le Cocq, maitre boulanger de la paroisse Saint-Laurent, du

22 janvier 1746, l'extrait de baptême de ladite Estiennette Le Cocq leur fille de la paroisse de Saint-Jean en Grève du 27 aoust 1751, avec certificat de M. le curé de Saint Gervais sa paroisse du 9 du présent mois qui atteste qu'elle est en état de nourir et bien élever sa fille Estiennette Le Cocq.

La dite Anne Leroy, entendue ; la Dlle Vve Boudin sage-femme au présent a dèclarée et attestée au bureau, que le 27 aoust dernier elle a accouchée ladite Anne Le Roy d'une fille qu'elle a fait baptiser en l'église de Saint-Jean en Grève le même jour sous le nom d'Estiennette, fille de François Le Cocq maître boulanger et Anne Le Roy sa femme qu'a la prière et réquisition de ladite femme Le Cocq elle a exposé le même jour 27 aoust, ladite fille chez M^e^. Regnaudet commissaire au Châtelet à l'effet d'avoir son ordonnance pour la faire recevoir aux enfans trouvez ou elle a été receue ledit jour 27 aoust dernier, laquelle connoît la femme Le Coq pour être en état d'élever son enfant et de luy donner une éducation convenable.

L'affaire mise en délibération, vu l'acte de célébration du mariage de Anne Le Roy avec François Le Coq maître Boulanger de la paroisse Saint-Laurent du 22 janvier 1746, l'extrait de baptême d'Estiennette Le Coq leur fille de la paroisse de Saint-Jean en Grève du 27 aoust dernier, le certificat de M. le curé de Saint-Gervais sa paroisse du 9 de ce mois, vue aussi le procès-verbal de M^e^. Regnaudet, commissaire au Châtelet du même jour 27 aoust dernier, le registre dudit hôpital contetenant la réception de ladite Estiennette Le Coq du même jour 27 aoust dernier et sur la déclaration et le témoignage de la Dlle Vve Boudin maîtresse sage-femme.

Le Bureau a arresté que ladite Estiennette Le Cocq sera rendüe a ladite Anne Le Roy femme de François Le Cocq ses père et mère en payant pour elle la dépense faitte par ledit hôpital pour la nouriture et l'entretien de ladite fille depuis le 27 aoust dernier jour de sa reception, ladite dépense a été arbitrée à la somme de soixante-six livres dix sols, y compris douze livres dix sols qu'elle a payée pour le droit de recherches et six livres pour les frais du retour de la province ou elle a été envoyé en nourrice. Et en faisant la soumission conjointement avec le Dlle Vve Boudin qui y consent, dans le registre dudit hôpital, d'élever ladite Estiennette Le Cocq dans la religion catholique, apostolique et romaine et de la représenter toutes les fois qu'elle et la Dlle Vve Boudin en seront requises par le bureau des enfans trouvés.

PIÈCE N° 2.

REMISE GRATUITE A DES PARENTS.

31 *juillet* 1759.

Le bureau tenant dans la maison du faubourg St-Antoine, le sieur Hélée, maître horloger et son épouse ont demandé à entrer au bureau, où étant ils ont représenté que l'extrême pauvreté dans laquelle ils s'étoient trouvés en l'année 1751, les avoit forcé d'envoyer aux enfans trouvés Félix Hélée leur fils, âgé alors de 16 mois, que depuis ils en avoient fait faire la recherche dans les registres du dit hôpital et avoient appris qu'il étoit existant; que se trouvant en état de le retirer pour l'élever chez eux, il leur étoit impossible de payer les mois de nourriture et de l'entretien de leur enfant pendant les huit années qu'il est dans la maison, c'est pourquoi ils avoient l'honneur de se présenter aujourd'hui au bureau pour obtenir de lui la remise de leur enfant et des frais de nourriture et d'entretien ; à l'instant les dits sieur et dame Hélée ont représenté un extrait de l'acte de célébration de leur mariage, l'extrait baptistaire du dit Félix Hélée et les certificats de vie, mœurs et religion, et se sont retirés.

Veu les actes ci-dessus indiquées, le registre de l'hôpital des enfans trouvés de l'année 1751 contenant la réception du dit Félix Hélée le 13 juillet de la même année 1751, enregistré sous le n° 2068; veu les certificats délivrés par M. le supérieur du séminaire de Saint-Magloire et par M. le curé de Saint-Eustache du 19 mai et premier du présent mois et ceux délivrés par les sieurs Laborde maître tailleur d'habit, Gosselin maître horloger et Me Morisset, greffier au Châtelet, du même jour 24 mars dernier qui attestent unanimement de la probité, vie, mœurs et religion du dit sieur et dame Hélée et de l'impossibilité où ils sont de payer au dit hôpital ce qu'il en a coûté pour la nourriture et l'entretien de leur enfant depuis sa réception jusqu'à ce jour. Veu aussi la délibération du bureau du 17 février 1674 prise pour la nommée Françoise Pochard élevée dans le dit hôpital, redemandée par son père et a lui rendue, l'affaire mise en délibération le bureau a arrêté que conformément à la délibération du 17 janvier 1674 le susdit Félix Hélée sera remis gratuitement aux dits sieurs et dame Hélée ses père et mère attendu leur pauvreté et sans tirer à conséquence, dont ils donneront une décharge par acte devant notaire suivant l'usage.

PIÈCE N° 3.

ENFANT RAMENÉ A PARIS ET RÉCLAMÉ PAR SES NOURRICIERS.

26 *septembre* 1758.

Le bureau tenant, Pierre Cormont manouvrier et habitant de la paroisse de Roye sur le Mast, diocèse de Beauvais étant ce jour à Paris a demandé a entrer au bureau, ou étant il a représenté qu'au mois d'avril 1751 le bureau lui avoit donné et à Anne Vitte sa femme, André Baltazard Philippe enfant de cette hôpital qu'ils ont nourri et élevé jusqu'à l'âge de 7 ans et qu'ils ont ramené au dit hôpital le 13 de ce mois conformément aux règlements; que n'ayant point d'enfans de leur mariage et ayant conçu pour celui-cy beaucoup de tendresse et d'amittié et voulant élever comme leur enfant, ils suplient le bureau de le leur faire remettre se soumettant de lui donner, à leur frais et dépens, une éducation convenable, de l'envoyer aux écolles pour y aprendre à lire et à écrire, de lui faire aprendre un métier lorsqu'il sera en âge afin qu'yl puisse gagner sa vie par lui-même, de le représenter toutes fois et quantes ils en seront requis et de donner dès a présent une somme de cent cinquante livres pour être remise audit enfant à sa majorité ou lors de son établissement, à la charge néant moins sous le bon plaisir du bureau que si le dit enfant venoit à décéder avant d'avoir atteint l'âge de dix ans, la dite somme de 150 livres lui seroit rendue, que cette clause soit insérée dans l'acte qu'il offre de passer en lui remettant l'enfant; et à l'ynstant le dit Cormont a représenté un certificat qui luy a été délivré par le sieur curé de la susdite paroisse de Roye sur le Mast, en date du 19 de ce mois ; le dit Cormont retiré :

Veu le certificat délivré par M. le curé de la paroisse de Roye sur le Mast diocèse de Beauvais, du 19 de ce mois qui atteste des vies, mœurs, et religion de Pierre Cormont et Anne Vitte sa femme.

Le bureau a arrêté que le nommé André Baltazard Philippe enfant de cet hôpital âgé de 7 ans quils ont nouris et élevé jusqu'à cet âge et qu'ils ont ramené le 13 de ce mois conformément aux règlements sera rendu au dit Cormont à la charge par luy et Anne Vitte sa femme de l'élever dans la religion catholique, apostolique et romaine, de le nourir et entretenir de tous vestements nécessaires à leurs frais et dépens, de l'envoyer aux écolles pour y apprendre à lire et à écrire, de lui faire aprendre un métier lorsqu'il sera en âge afin qu'il puisse gagner sa vie par lui-même, de le représenter toutes fois et quantes il en sera ordonné par le bureau et encore sous la condition de remettre dans ce jour ez mains de M. Duchesne, receveur des enfans trouvés, la somme de cent cinquante livres offerte par le dit Cormont pour la dite somme être rendue par le dit hôpital au dit André Baltazard Philippe a sa majorité ou lors de son établissement, dont et de quoy il sera passé acte devant notaire suivant l'usage. Et sur la demande faite par le dit Cormont en restitution des dits 150 livres en cas de décéds du dit Philippe avant d'avoir atteint l'âge de dix ans, et que la clause en soit insérée dans l'acte qui sera fait de la remise de l'enfant. Le bureau a arrêté qu'il n'en sera fait aucune mention dans le dit acte se réservant à faire droit sur cette demande si le cas y échet.

Qu'il en sera usé de même à l'égard des enfans qui seront redemandés aux mêmes conditions par ceux et celles qui les auront nouris et élevez.

ANNEXE N° 15

Enfant trouvé dont Mme la présidente paie la pension à l'occasion de la naissance de son fils M. de Champlâtreux.
Registre des délibérations de la maison de la Couche.

Séance du lundy 10 *mars* 1760.

Le bureau tenant dans la maison de l'hôpital des Enfans rouges.

M. Ravault a dit que la mère supérieure de la maison des enfants trouvés de la couche en lui donnant avis de l'heureux accouchement de Mme la première présidente et de la naissance de M. son fils arrivée le jeudi six de ce mois entre huit et neuf heures du matin, elle lui avoit fait part des intentions de cette dame respectable et du vœu qu'elle avoit fait pendant sa grossesse que si Dieu lui donnoit un fils elle prendroit soin du premier enfant mâle qui seroit apporté dans la maison le même jour de son accouchement, qu'elle payeroit les mois de sa nourrure et de son habillement pendant tout le temps qu'il sera en nourrice et qu'il restera dans la maison. Que le même jour de son accouchement elle lui avoit renouvellé ses intentions et l'avoit chargée de faire baptiser le premier enfant mâle qui seroit apporté dans la maison sous le nom de *Mathieu*, *François Edouard*, qui sont les noms qui ont été donnés à M. son fils a son baptème et qu'il fut tenu sur les fonds par deux pauvres à son choix.

Que le susdit enfant trouvé fut confié à une bonne nourrice le plus tôt qu'il seroit possible; qu'il soit donné à la nourrice un prix au-dessus de celui que le bureau donne par mois pour la nourriture des enfants et une layette plus considérable en linge que celle que l'on donne ordinairement, ainsi que pour son habillement lorsqu'il sera en état d'être mis en robbe.

Que Mme la première présidente l'avoit aussi chargée de donner à la nourrice de cet enfant douze livres pour le premier mois de nouriture et avoit fixé le prix des autres mois de la première année a sept livres et ceux des autres années qu'il restera en sevrage à six livres ; qu'elle lui avoit promis de rembourser toute la dépense que la maison fera pour cet enfant

. . . .

il est fait mention de ces actes sur le registre et M. Ravault ajoute :

« L'on continuera dans la maison à faire des prières pour la conservation de M. et de Mme la première présidente, de M. de Champlâtreux leur fils et de toute la famille. »

TABLE DES MATIÈRES

PIÈCES JUSTIFICATIVES

PARIS. — IMPRIMERIE F. LEVÉ, RUE CASSETTE, 17.

PARIS. — IMPRIMERIE F. LEVÉ, RUE CASSETTE, 17.

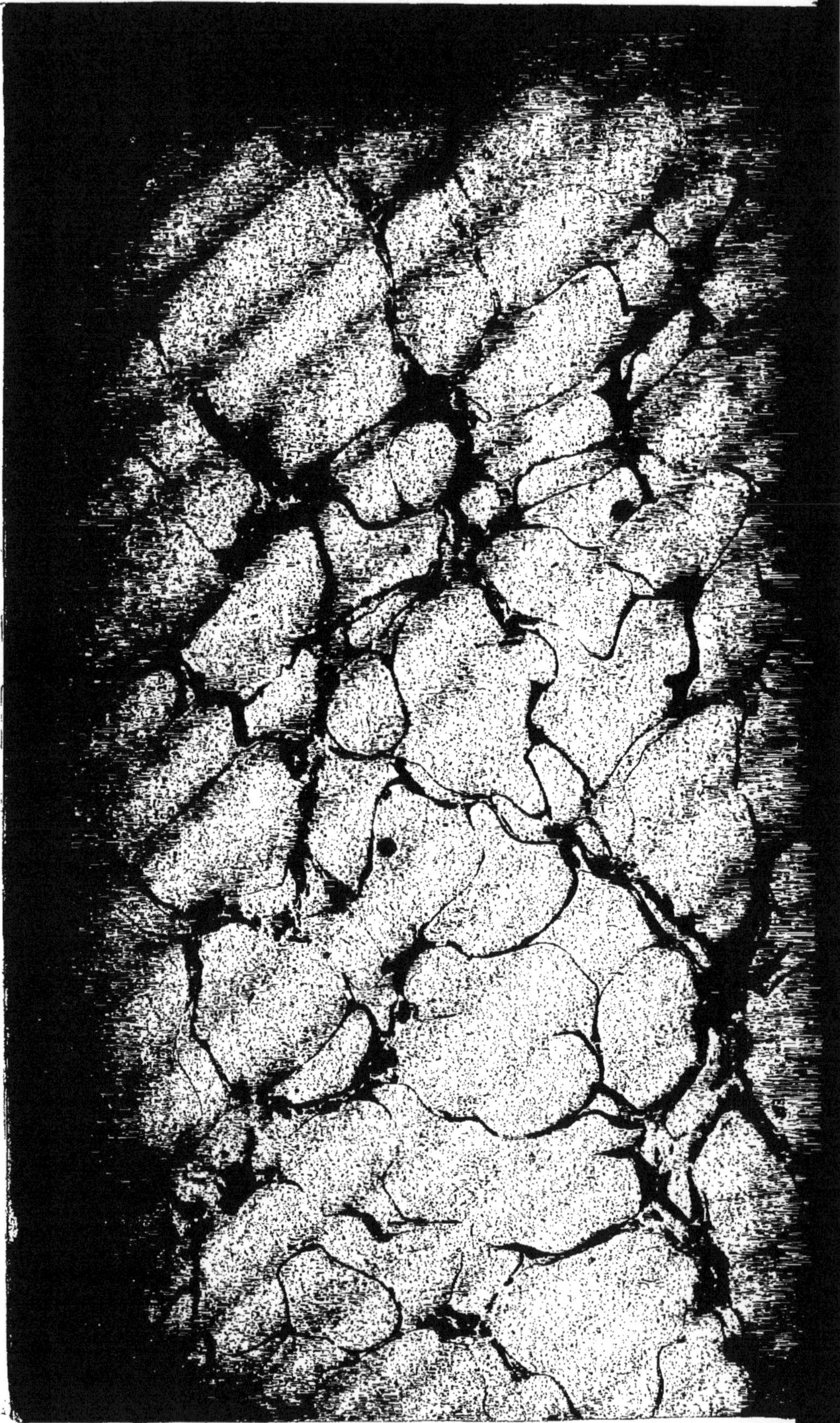

BIBLIOTHEQUE NATIONALE DE FRANCE
3 7531 03185769 2

www.ingramcontent.com/pod-product-compliance
Ingram Content Group UK Ltd.
Pitfield, Milton Keynes, MK11 3LW, UK
UKHW021047230726
13926UKWH00004B/1707

9 782014 429015